2016年
国家火炬特色产业基地
发展研究报告

科技部火炬高技术产业开发中心◎编著
TORCH HIGH TECHNOLOGY INDUSTRY DEVELOPMENT CENTER,
MINISTRY OF SCIENCE AND TECHNOLOGY

2016

NATIONAL TORCH
SPECIAL INDUSTRY BASES

DEVELOPMENT RESEARCH REPORT

经济管理出版社
ECONOMY & MANAGEMENT PUBLISHING HOUSE

图书在版编目（CIP）数据

2016 年国家火炬特色产业基地发展研究报告/科学技术部火炬高技术产业开发中心编著 . —北京：经济管理出版社，2018.2

ISBN 978 - 7 - 5096 - 5644 - 0

Ⅰ. ①2…　Ⅱ. ①科…　Ⅲ. ①高技术产业区—产业发展—研究报告—中国—2016　Ⅳ. ①F127. 9

中国版本图书馆 CIP 数据核字（2018）第 015833 号

组稿编辑：张永美
责任编辑：范美琴
责任印制：黄章平
责任校对：张晓燕

出版发行：经济管理出版社
　　　　　（北京市海淀区北蜂窝 8 号中雅大厦 A 座 11 层　100038）
网　　　址：www. E - mp. com. cn
电　　　话：（010）51915602
印　　　刷：北京晨旭印刷厂
经　　　销：新华书店
开　　　本：787mm × 1092mm/16
印　　　张：8. 25
字　　　数：196 千字
版　　　次：2018 年 3 月第 1 版　　2018 年 3 月第 1 次印刷
书　　　号：ISBN 978 - 7 - 5096 - 5644 - 0
定　　　价：48. 00 元

2016 年国家火炬特色产业基地发展研究报告

编委会

主　编：张志宏

副主编：段俊虎

组　长：李　杰

副组长：金学奇　陈思澍

成　员：（按姓氏笔画排序）

马雅丽　王凯莺　王赫然　田栓林　刘　欣

刘厚雨　李　享　谷萧磊　张义平　张　琳

姜　莱　尉　佳　程凌华　樊子天

郑重声明

  《2016 年国家火炬特色产业基地发展研究报告》是中华人民共和国科学技术部火炬高技术产业开发中心组织有关专家，在地方科技主管部门及国家火炬特色产业基地的大力支持下，经深入调研形成的科研成果，其知识产权归属于科学技术部火炬高技术产业开发中心。

  未经产权所有者书面授权，任何单位或个人不得以公开方式全文或部分发表本报告的内容。

科学技术部火炬高技术产业开发中心

2017 年 11 月

编者说明

为深入贯彻落实创新驱动发展战略，推动大众创业、万众创新，进一步促进国家火炬特色产业基地创新发展，更好地发挥特色产业基地在推动区域（特别是县域）经济社会协调发展中的重要作用，根据《国家火炬特色产业基地建设管理办法》（国科火字〔2015〕163号），科学技术部火炬高技术产业开发中心组织编撰了《2016年国家火炬特色产业基地发展研究报告》。

本报告内容分为五个部分。第一部分为基地发展概况；第二部分为基地建设成效；第三部分为县域基地发展；第四部分为管理推动工作；第五部分为基地分布概览。

需要特别说明的是：截至2016年底，全国共有414家特色产业基地，其中有413家基地上报了2016年报数据，412家基地参与了问卷调查。报告中299家基地是指2012～2016年5年连续完整上报数据的基地，174家基地是指2012～2016年5年连续完整上报数据的在县（区）域内的基地。报告中的数据来源于火炬统计及2016年基地调查问卷。

本报告所涉及的东部、中部、西部和东北地区，具体划分为：

东部地区：包括北京、天津、河北、上海、江苏、浙江、福建、山东、广东和海南10个省（直辖市）；

中部地区：包括山西、安徽、江西、河南、湖北和湖南6个省；

西部地区：包括内蒙古、广西、重庆、四川、贵州、云南、西藏、陕西、甘肃、青海、宁夏和新疆12个省（自治区、直辖市）；

东北地区：包括辽宁、吉林和黑龙江3个省。

本书中因小数取舍而产生的误差均未做配平处理。

前　言

2016 年，是国家火炬特色产业基地（以下简称特色产业基地或基地）建设发展的第 21 年，也是实施"十三五"规划的开局之年。经过 20 多年的建设和发展，特色产业基地已经成为与国家高新区互为补充的，重点在县域经济层面、从产业成长需求出发，大力推进高新技术产业化以及通过科技创新激发转型升级新动能的一项重要实践；已经成为推动区域经济创新发展的重要品牌和抓手，成为推动县市科技工作落地和促进科技、金融与产业融合发展的一面旗帜。继续推动特色产业基地建设和发展，是深入贯彻党的十九大精神，深入实施国家创新驱动发展战略，健全完善区域科技创新体系，发展创新型经济的重要体现。

截至 2016 年底，全国特色产业基地达到 414 家，遍及 32 个省（自治区、直辖市、计划单列市），其产业覆盖了节能环保、新一代信息技术、生物、高端装备制造、新能源、新材料和新能源汽车等国家战略性新兴产业的各个领域。2016 年，特色产业基地内高新技术企业总数达到 10728 家，基地企业获得专利授权数达到 16.6 万件，全年实现工业总产值 10.2 万亿元，总收入 10.0 万亿元，净利润 6439.4 亿元，为国家上缴税额 5514.6 亿元，出口创汇 11414.6 亿元。特色产业基地对引导区域产业发展布局、促进产业形成规模经济具有积极的带动作用。

为全面、系统、客观地展示特色产业基地发展建设全貌，科学技术部火炬高技术产业开发中心（以下简称火炬中心）在地方科技管理部门及各特色产业基地所在地政府的共同支持推动下，组织编写了《2016 年国家火炬特色产业基地发展研究报告》。报告主要包括五个部分：第一部分为基地发展概况，主要在各地 2016 年度特色产业基地工作总结的基础上，结合 413 家特色产业基地的火炬统计数据分析研究形成。第二部分为基地建设成效，主要由（2012～2016 年）299 家特色产业基地的统计数据对比分析形成。第三部分为县域基地发展，主要阐述 251 家县域基地 2016 年的发展情况，同时分析了 2012～2016 年连续上报的 174 家特色产业基地在各领域、各方面的发展状况。第四部分为管理推动工作，对 2016 年度的管理推动进行了简略概括。第五部分为基地分布概览，客观地反映了 2016 年度及 2012～2016 年特色产业基地发展情况。

本报告可为政府相关部门、有关单位工作人员开展决策、研究工作提供帮助，也可为社会各界进一步了解特色产业基地发展状况提供参考。鉴于时间所限，本报告中仍可能存在一些疏漏和不足之处，敬请读者批评指正。

科学技术部火炬高技术产业开发中心

2017 年 11 月

目　录

第一部分　基地发展概况

一、基地发展定位

　　国家火炬特色产业基地（以下简称特色产业基地或基地）是在一定地域范围内，针对国家鼓励发展的细分产业领域，通过政府组织引导、汇聚各方优势资源、营造良好创新创业环境而形成的具有区域特色和产业特色、对当地经济与社会发展具有显著支撑和带动作用的产业集聚。特色产业基地建设以科技创新为引领，以质量和效益为中心，调动社会各界力量，集中优势资源，培育区域优势产业，动力更强劲、增长更持续，是推动区域经济创新发展的有效途径。

　　1995 年 6 月 22 日，原国家科委火炬计划办公室核定了我国第一家特色产业基地——国家火炬计划海门新材料产业基地（现已更名为国家火炬海门化工材料和生物医药特色产业基地）。经过 21 年的建设和发展，特色产业基地经历了起步探索、调整提升、快速发展等几个阶段，截至 2016 年底，总数已经达到 414 家，分布在全国 32 个省（自治区、直辖市、计划单列市）。

二、总体情况

（一）基地经济总量保持平稳增长

2016 年，全国范围内特色产业基地发展到 414 家，比 2015 年增加 23 家。根据火炬统计数据（下同），2016 年，基地实现工业总产值 102333.4 亿元，同比上年增长 10.2%；基地实现总收入 100003.2 亿元，同比上年增长 9.6%；实现净利润 6439.4 亿元，同比上年增长 5.3%。统计数据显示，在国内经济下行压力仍然较大的形势下，特色产业基地仍保持了经济总量的平稳增长。

（二）特色产业基地企业加快聚集

统计数据显示，2016 年，特色产业基地内共集聚 150555 家企业，同比上年增加了 19.1%，其中高新技术企业 10728 家，同比上年增加了 14.0%；上市企业 1145 家，同比上年增加了 22.2%。

（三）创新创业重要载体地位凸显

2016 年，基地内共有从业人员 1116.1 万人，同比上年增加 12.4%，其中大专学历以上人员 351.7 万人，包括博士 2.5 万人、硕士 14.8 万人，同比上年分别增加 9.6% 和 15.0%。共有国家工程中心 407 个，省级企业技术中心 3847 个，市级企业技术中心 7744 个，企业博士后工作站 1028 个，科技服务机构数 4576 个，同比上年增加 11.6%，有效地促进了科技创新和科技成果转化工作，特色产业基地已成为推动区域创新创业的重要载体。

（四）企业技术创新能力不断提升

特色产业基地的建设有效集聚了各类创新资源，不断激发了企业创新热情，提高了企业自主创新能力。2016 年，基地内企业的研发总投入为 2592.4 亿元；申请国内专利312887 件，同比上年增加 22.8%，其中申请发明专利 90249 件，实用新型专利 131950件；企业获得专利授权 166503 件，同比上年增加 17.9%，其中发明专利 26716 件；申请国外专利 2406 件，同比上年增加 8.5%；软件著作权登记数 9590 件，同比上年增加 17.4%。

三、区域分布

（一）契合国家区域发展战略部署

国家第十三个五年规划纲要提出：加快构建以陆桥通道、沿长江通道为横轴，以沿海、京哈京广、包昆通道为纵轴，大中小城市和小城镇合理分布、协调发展的"两横三纵"城市化战略格局。其战略意义在于，以线串点、以点带面，有利于加强东部、中部、西部地区的经济联系，推动中部、西部、东北、边疆等地区的进一步发展。2016 年，在

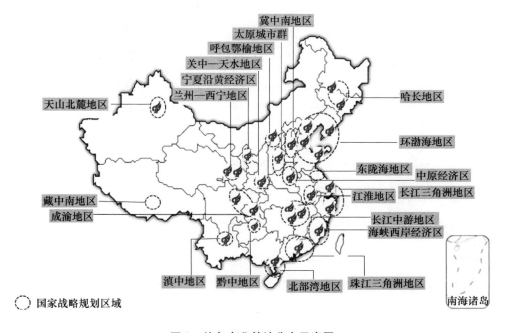

图1 特色产业基地分布示意图

环渤海地区、长江三角洲地区、珠江三角洲地区、哈长地区、东陇海地区、中原经济区、冀中南地区、太原城市群、呼包鄂榆地区、江淮地区、长江中游地区、海峡西岸经济区、北部湾地区、黔中地区、滇中地区、成渝地区、关中—天水地区、宁夏沿黄经济区、兰州—西宁地区、天山北麓地区、藏中南地区均建设有特色产业基地，有效地配合了国家区域发展的总体战略部署。

（二）呈现"科技强、经济强"特征

基地主要集中在东部地区。按东部、中部、西部和东北地区分布，基地主要集中在东部地区。截至 2016 年，东部地区已有 300 家基地，占到基地总量的 72.5%；中部地区基地数量 54 家，占基地总数的 13.0%；西部地区基地数量为 27 家，占基地总数的 6.5%；东北地区基地数量为 33 家，占基地总数的 8.0%。见表 1、表 2、表 3、表 4、图 2。

表 1　特色产业基地在东部地区各省市的分布情况汇总　　　　　　　单位：家

省（自治区、直辖市、计划单列市）	基地数量	省（自治区、直辖市、计划单列市）	基地数量
江苏	118	宁波	8
山东	61	福建	7
浙江	42	上海	7
广东	25	青岛	5
河北	13	厦门	4
天津	8	北京	2
小计	267	小计	33

合计：300

表 2　特色产业基地在中部地区各省市的分布情况汇总　　　　　　　单位：家

省（自治区、直辖市、计划单列市）	基地数量	省（自治区、直辖市、计划单列市）	基地数量
安徽	13	山西	8
湖北	12	湖南	8
河南	10	江西	3
小计	35	小计	19

合计：54

表3 特色产业基地在西部地区各省市的分布情况汇总 单位：家

省（自治区、直辖市、计划单列市）	基地数量	省（自治区、直辖市、计划单列市）	基地数量
陕西	6	新疆	2
重庆	2	内蒙古	2
宁夏	2	广西	1
四川	2	甘肃	2
贵州	3	云南	5
小计	**15**	小计	**12**

合计：**27**

表4 特色产业基地在东北地区各省市的分布情况汇总 单位：家

省（自治区、直辖市、计划单列市）	基地数量	省（自治区、直辖市、计划单列市）	基地数量
辽宁	15	吉林	5
黑龙江	9	大连	4
小计	**24**	小计	**9**

合计：**33**

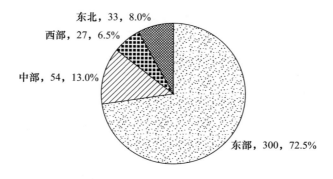

图2 特色产业基地在全国各地区的分布及比例

东部、中部、西部差距仍较明显。通过基地数量对比，基地建设集中分布在东部沿海城市，各省市基地数量差距仍较明显。基地数量排名前三的江苏、山东、浙江三省的基地数量分别为 118 家、61 家、42 家，分别占基地总数的 28.5%、14.7%、10.1%。中部地区安徽、湖北、河南三省的基地数为 10 家以上（包括 10 家）；东北地区仅辽宁超过 10 家，西部地区基地数量均未超过 10 家。见表 5。

表 5 特色产业基地在全国各省市的分布情况汇总 单位：家

省（自治区、直辖市、计划单列市）	基地数量	省（自治区、直辖市、计划单列市）	基地数量
江苏	118	陕西	6
山东	61	青岛	5
浙江	42	云南	5
广东	25	吉林	5
辽宁	15	厦门	4
河北	13	大连	4
安徽	13	江西	3
湖北	12	贵州	3
河南	10	北京	2
黑龙江	9	重庆	2
天津	8	宁夏	2
山西	8	四川	2
湖南	8	新疆	2
宁波	8	内蒙古	2
福建	7	甘肃	2
上海	7	广西	1
小计	364	小计	50
合计：414			

省市基地建设数量仍存在差距。截至 2016 年底，江苏省的特色产业基地几乎是排名第二的山东省的 2 倍，是排名第三的浙江省的近 3 倍。江苏省特色产业基地的数量比第二名、第三名的总和还多。图 3 清晰地反映了特色产业基地在各省市的分布排序情况。

从分布范围看，特色产业基地的分布与经济发展基础密切相关，各区域的经济发展状况有所差别，特色产业基地的发展情况也就有所不同。从东部、中部、西部的分布来看，东部地区的特色产业基地分布比较密集，基地总数几乎为中部、西部以及东北地区基地总数的 3 倍。

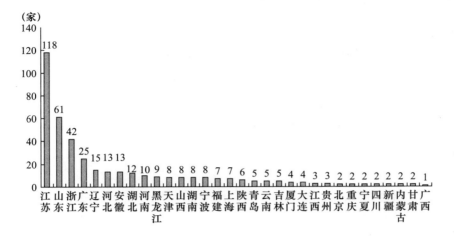

图3 特色产业基地在全国各省市的分布情况

东部地区基地企业发展总量远高于中部、西部和东北地区。2016年，特色产业基地内企业总数为150555家，东部地区有122674家，占基地总数的81.5%，其中高新技术企业7943家，国内上市企业696家，境外上市企业141家，营业收入超10亿元企业有1318家，技术开发和技术服务型企业3245家，分别占总数的74.0%、71.4%、82.9%、73.1%和71.2%。见表6。

表6 2016年特色产业基地企业分布情况   单位：家

企业分布	东部	东部占比（%）	中部	中部占比（%）	西部	西部占比（%）	东北	东北占比（%）	合计
基地内企业数	122674	81.5	18842	12.5	4544	3.0	4495	3.0	150555
其中：高新技术企业	7943	74.0	1634	15.2	643	6.0	508	4.7	10728
国内上市企业	696	71.4	135	13.8	88	9.0	56	5.7	975
境外上市企业	141	82.9	14	8.2	4	2.4	11	6.5	170
营业收入超10亿元企业	1318	73.1	341	18.9	76	4.2	68	3.8	1803
技术开发和技术服务型企业	3245	71.2	599	13.1	533	11.7	182	4.0%	4559

2016年特色产业基地的经济发展情况总体良好，但是区域间仍存在不平衡。对2016年413家特色产业基地经济指标统计显示，东部、中部、西部及东北地区工业总产值分别

为 74733.8 亿元、13074.8 亿元、9389.7 亿元和 5135.1 亿元，分别为特色产业基地工业总产值的 73.0%、12.7%、9.2% 和 5.0%，东部地区特色产业基地经济发展总量明显高于中部、西部及东北地区。具体情况详见表7。

表7　2016 年特色产业基地经济发展指标　　　　单位：亿元，亿美元

经济发展 指标	东部	东部占比 （%）	中部	中部占比 （%）	西部	西部占比 （%）	东北	东北占比 （%）	合计
工业总产值	74733.8	73.0	13074.8	12.7	9389.7	9.2	5135.1	5.0	102333.4
其中：骨干企业产值	41592.2	71.0	6953.1	12.0	7099.3	12.1	2962.4	5.1	58607.0
总收入	76005.4	76.0	12330.9	12.4	6495.2	6.4	5171.7	5.2	100003.2
技术性收入	1951.8	63.4	252.4	8.3	744.6	24.0	129.8	4.2	3078.6
出口创汇额	1557.3	90.6	109.1	6.3	32.2	1.9	19.9	1.2	1718.5
上缴税额	4018.4	90.6	595.0	8.5	601.4	11.2	299.9	5.4	5514.6
净利润	5008.4	76.8	604.0	9.2	553.6	7.9	299.9	4.2%	6439.4

推动欠发达地区发展。为有效地推动欠发达地区特色产业基地建设，2015 年火炬中心印发的《国家火炬特色产业基地建设管理办法》（国科火字〔2015〕163 号）明确指出，"经济欠发达地区、边疆及少数民族地区申报特色产业基地的，申报条件可适当放宽"。2016 年，国务院印发《"十三五"促进民族地区和人口较少民族发展规划》（国发〔2016〕79 号）要求："培育壮大特色优势产业。支持民族地区国家高新技术产业、火炬特色产业基地建设。"

东部地区特色产业基地基础好、发展快，对中部、西部发展缓慢的地区进行了帮扶对接活动，根据相关数据统计，2016 年发达地区对欠发达地区基地开展帮扶活动的基地有70 家，占参与调查火炬基地数量的 17.0%。见图4。

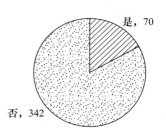

图4　2016 年发达地区特色产业基地是否对欠发达地区基地开展帮扶活动

重大举措——积极推动欠发达地区发展特色产业

《国家火炬特色产业基地建设管理办法》指出，"经济欠发达地区、边疆及少数民族地区申报特色产业基地的，申报条件可适当放宽"。

2016 年，确定了文山三七特色产业基地、玉溪高新区生物医药特色产业基地、天祝高性能碳基材料特色产业基地等为国家火炬特色产业基地。

四、产业分布

特色产业对一个区域整体经济的发展具有举足轻重的作用。在产业布局上，特色产业基地的产业聚焦点也从早期的传统产业和地方特色产业，向战略性新兴产业转型升级。

（一）特色产业在重点领域的分布

从产业布局来看，特色产业基地明确支持地方具有资源优势、市场竞争优势、政策支撑优势、技术优势和发展基础优势的特色鲜明的产业发展。基地主导产业主要集中在高端装备制造、新材料、生物医药等重点领域。截至 2016 年底，上报的 413 家基地中，先进制造与自动化基地 154 家，占基地总量的 37.3%；新材料基地 107 家，占基地总量的 25.9%；生物与新医药基地 58 家，占基地总量的 14.0%。先进制造与自动化、新材料及生物医药型基地数量占比特色产业基地总量的 77.2%，全国将近八成的特色产业基地主导产业集中在这三大领域。各领域分布情况可见图 5。

（二）基地企业在重点领域的分布

2016 年，上报的 413 家特色产业基地入驻企业共 116560 家，其业务领域分别属于或服务于五个重点领域，其中先进制造与自动化领域 53110 家、新材料 32551 家、生物与新医药 15709 家、电子信息 7698 家、新能源与节能 3688 家，分别占基地企业数的 45.6%、

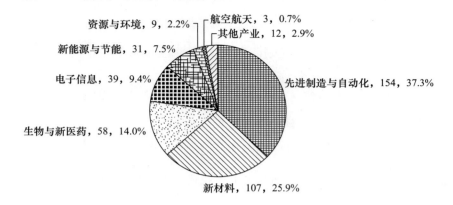

图 5　2016 年特色产业基地领域分布

27.9% 、13.5% 、6.6% 、3.2% 。具体企业类型见表 8。

表 8　特色产业基地各领域内各类企业分布情况　　　　　　　　单位：家

各类企业分布	先进制造与自动化	新材料	生物与新医药	电子信息	新能源与节能	资源与环境	航空航天	其他产业	合计
基地内企业数	53110	32551	15709	7698	3688	2901	903	33995	116560
各领域基地企业数占比（%）	45.6	27.9	13.5	6.6	3.2	2.5	0.8	29.2	100.0
其中：高新技术企业	4659	2462	1108	1127	634	258	78	402	10326
国内上市企业	301	296	143	104	62	35	6	28	947
境外上市企业	33	35	40	32	16	3	0	11	159
营业收入超 10 亿元企业	798	464	194	178	90	34	4	41	1762
技术开发和技术服务型企业	1754	635	871	893	169	52	60	125	4434

　　2016 年，先进制造与自动化领域工业总产值 42058.1 亿元、新材料 29064.6 亿元、生物与新医药 11711.8 亿元、电子信息 9166.7 亿元、新能源与节能 4730.5 亿元，具体重点领域经济发展情况见表 9。

表9 2016年特色产业基地重点领域经济发展指标

产业领域	先进制造与自动化	新材料	生物与新医药	电子信息	新能源与节能	其他产业	资源与环境	航空航天	合计
工业总产值（亿元）	42058.1	29064.6	11711.8	9166.7	4730.5	2782.9	2313.9	505.0	102333.4
各领域工业总产值占比（%）	41.1	28.4	11.4	9.0	4.6	2.7	2.3	0.5	100.0
其中：骨干企业产值（亿元）	24093.1	16411.3	5986.2	5498.0	3391.8	1659.7	1438.5	128.4	58607.0
总收入（亿元）	37839.1	30089.1	11594.7	9724.9	4882.2	3080.8	2299.0	493.3	100003.2
技术性收入（亿元）	716.3	1338.5	149.5	702.9	79.5	42.9	49.0	0.0	3078.6
出口总额（亿美元）	624.1	438.0	141.0	346.2	67.7	70.2	29.9	1.4	1718.5
上缴税额（亿元）	1990.1	1911.4	586.8	461.7	261.7	71.7	143.2	87.9	5514.6
净利润（亿元）	2281.5	2017.8	850.8	651.7	290.3	152.5	170.7	24.8	6439.4

第二部分 基地建设成效

2016 年是"十三五"规划的开局之年。2012～2016 年，在各省级科技行政主管部门，以及基地所在地政府、国家或省级高新技术产业开发区管委会、经济技术开发区管委会等（以下简称当地政府）科学规划、精心组织、积极推动下，特色产业基地建设坚持科技创新引领产业发展，不断优化创新创业环境，集聚创新要素资源，形成了特色产业集聚、创新企业成长、科技成果不断转化的发展局面，以 2012～2016 年连续完整上报数据的 299 家基地（下同）为例，基地工业总产值增长 31.4%，总收入增长 25.9%，出口创汇增长 3.5%，上缴税额增长 24.2%，净利润增长 14.2%，促进区域经济发展成效显著。

一、不断优化创新创业环境

近年来，经济新常态对产业创新能力提出新要求。推进供给侧结构性改革，促进经济提质增效、转型升级，迫切需要依靠技术创新培育发展新动能。各省级科技行政主管部门及基地所在地政府高度重视依靠科技创新打造发展新引擎、开辟发展新空间、培育新的经济增长点。在政府引导、政策支持、人才聚集、资本投入等多方面支持下，基地创新创业环境持续优化。通过组织社会科技资源和科技力量，为基地企业提供技术、信息、管理和投融资等服务，促进知识、技术转移和人才流动，降低创新成本，化解创新风险，提高创新效率，加速科技成果向现实生产力转化。

（一）创新创业重要载体功能增强

公共科技创新服务平台是区域科技创新体系的重要组成部分，是推动企业成为创新主体的重要载体，是加速转化创新成果的重要途径，是科技进步、社会发展、经济增长的重要助推器。

1. 基地研发机构数量保持逐年增长

截至 2016 年，299 家基地共有国家工程技术中心 209 个，同比 2012 年增长 20.1%；国家工程研究中心 127 个，同比 2012 年增长 25.7%；省级企业技术中心 3207 个，同比 2012 年增长 54.3%；市级企业技术中心 6378 个，同比 2012 年增长 59.4%；企业博士后工作站 870 个，同比 2012 年增长 62.9%；产品检验检测平台 816 个，同比 2012 年增长 38.8%。2012～2016 年，特色产业基地各研究机构总体呈现积极增长态势。表 10 清晰地反映了特色产业基地在 2012～2016 年研发机构的发展情况。

表 10　2012～2016 年特色产业基地研发机构汇总　　　　单位：个

年　份	2012	2013	2014	2015	2016
国家工程技术中心	174	179	193	208	209
国家工程研究中心	101	112	128	122	127
省级企业技术中心	2079	2460	2787	3012	3207
市级企业技术中心	4002	4982	5565	5780	6378
企业博士后工作站	534	675	777	825	870
产品检测检验平台	588	659	754	797	816

注：表中统计基础为 2012～2016 年可比数据（299 家基地）。

特色产业基地通过政府引导、多元化社会投入的方式，积极支持建立企业技术中心等创新平台，有力地推动科技成果转化，为基地持续创新发展奠定了坚实基础。

案例1　集聚整合创新资源，加快完善科技服务体系

江苏省发挥丰富的科教资源优势，推动科技创新平台建设，强化产学研合作，促进科技成果转化，建立健全科技创新服务体系，将科教优势转化为高新技术产业发展优势。

案例 1 加强科技创新平台和科技服务机构建设

截至目前，江苏省火炬特色产业基地内共建有国家工程技术中心 54 个、国家工程研究中心 27 个、省级企业技术中心 1274 个，形成了较为完善的技术服务体系。搭建产学研合作平台，与中科院、清华、北大、中电科集团等建立全面、稳定的合作关系，加快集聚高端创新资源；组建产业技术创新战略联盟，整合创新链上下游资源。实施重大科技成果转化专项资金，围绕新材料、生物技术与新医药等战略性新兴产业领域，支持基地骨干企业牵头承担重大科技成果转化项目，一批产业关键和核心技术取得突破，成功培育壮大了医药、风电、轨道交通以及新型环保装备等高技术新兴产业，形成一批完整的产业链条。

案例 2 注重创新创业服务体系建设，强化服务支撑

山东省积极支持特色产业基地构建服务机构健全、产业链条完善、组织形式新颖、布局科学合理的科技服务业体系，打造区域创新创业高地。

案例 2 大力发展创新创业公共服务平台

2016 年，山东省火炬基地内用于支撑服务的公共投入达到 108 亿元，同比增长 22.1%；创新创业服务机构达到 1074 个，同比增长 16.7%；省级以上研发机构 497 个，同比增长 18.6%。如潍坊光电特色产业基地建设完善了潍坊半导体照明产品检测中心，购置国内外先进的检测设备 80 余台套，设有工艺验证、器件检测、LED 应用产品检测、安全规范、可靠性、电磁兼容、光学元件、材料检测、消声室、晶圆检测 10 个实验室，2016 年为火炬基地内企业提供检测服务 3000 多批次。

---

2. 科技创新服务体系逐步完善

依托特色产业基地，推动建立和发展孵化器等公共服务平台，为基地内广大中小企业在技术咨询、分析测试、产品开发、人才培训等方面提供了大量的科技服务。表11清晰地反映了299家特色产业基地在2012~2016年服务机构的发展情况。

表11 2012~2016年特色产业基地服务机构汇总　　　　　单位：个

年　份	2012	2013	2014	2015	2016
基地内服务机构	2625	2720	2915	3166	3260
其中：科技担保机构	261	312	365	402	413
行业组织	363	372	403	439	500

注：表中统计基础为2012~2016年可比数据（299家基地）。

通过对表11的分析可以看到，特色产业基地的服务机构呈逐年增长的趋势，服务体系逐步完善。2016年特色产业基地内服务机构3260个，同比2012年增长24.2%，其中科技担保机构413个，同比2012年增长58.2%，年均复合增长率达到12.2%；行业组织500个，同比2012年增长31.6%，年均复合增长率达到8.3%。国家"大众创业、万众创新"政策的推出起到了重要的推动作用。

为充分发挥科技对经济发展的支撑作用，进一步提高国家自主创新能力，各基地积极构建科技服务平台。服务平台的建设，为基地的发展起到了积极的促进作用，产生了显著的效果。

案例3 服务平台提供多种服务

国家火炬湘潭新能源装备特色产业基地建立多样的公共服务平台，整合产业链，提供多种服务，促进基地发展。

案例3 建立多种平台，促进基地发展

——国家火炬湘潭新能源装备特色产业基地

基地投资建设有湘潭机电公共技术服务平台、大型科学仪器设备资源共享平台、机电专利服务平台、科技型中小企业投融资服务平台等公共服务平台。由于坚持以开放、共享、服务为目标，其公共性得到有效发挥，基地各平台的年访问量达数十万次，成为基地与企业连接的重要纽带。

---

3. 对服务机构的公共投入保持基本稳定

根据 299 家基地发展数据统计，2012～2016 年用于支撑服务机构的公共投入总计达到 2105.5 亿元，创新环境不断优化，有效地促进了基地企业的可持续发展。见表 12。

表 12　2012～2016 年特色产业基地用于支撑服务机构的公共投入情况　单位：亿元

年　份	2012	2013	2014	2015	2016
支撑服务机构的公共投入	434.0	469.3	405.2	398.4	398.5

注：表中统计基础为 2012～2016 年可比数据（299 家基地）。

（二）产学研合作步伐进一步加快

特色产业基地坚持立足自身优势，集聚创新资源，积极为企业搭建科技合作桥梁，与各相关高校和科研院所建立战略合作关系，建立以骨干企业、重点研发机构及金融、法律等服务机构为核心的产业技术创新发展联盟，努力打通基础研究、应用开发、中试和产业化之间的创新链条。

加强产学研合作，助推企业发展，根据 412 家基地调查问卷数据统计，2016 年产学研合作项目数量在 20 项以内的基地占整个火炬基地数量的 59.1%；产学研合作项目数量在 21～50 项、51～100 项的基地分别占火炬基地数量的 11.7% 和 4.9%；产学研合作项目数量在 100 项以上的基地有 6 家。

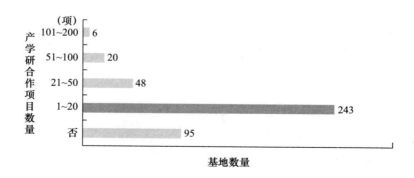

图 6　2016 年基地推动产学研协同创新情况汇总

企业积极推动产学研合作。产学研结合创新是以企业为技术创新主体，充分发挥科研机构和高校的技术创新源头和人才基地优势，引导人才、技术等创新要素向企业集聚，促进科技成果快速转化，从而促进创新创业和企业不断发展。

案例4 延伸应用范围，获得多项成果

国家火炬邗江硫资源利用装备特色产业基地积极与国内知名院所合作，开展与主导产业相关的研究，延伸应用范围，获得多项专利。

案例4 重视合作，加强创新
—— 国家火炬邗江硫资源利用装备特色产业基地

基地内企业高度重视生产工艺技术的创新，骨干企业建有设备研究室、工艺研究室、防腐研究室、机械设备与系统中试车间，拥有电火电花检测仪等相关试验、检测设备及数控缠绕机、数控等离子切割机和龙门数控铣床等高档生产设备，从整体上提升了产业的研发、试验、生产和检测水平。已与清华大学、华东理工大学、中石化南京设计院、河北工业大学、山西冶金设计院、江西化学工业设计院等24家高校科研院所建立了长期合作关系，依托高校院所的人才和技术优势不断进行技术创新。先后承担省级以上火炬计划项目5项；开发国家重点新产品3个、省高新技术产品45个；拥有各类有效专利165多件，其中发明专利22件，实用新型专利100多件；先后荣获"江苏省科技进步二等奖"1项、"中国轻工业联合会科学技术进步一等奖"1项、"市科技进步奖"4项。2016年度新申报国家高新技术企业2家。

案例5 加强协同创新，提升科技能力

高邮市政府加强与各大高校开展多种形式的产学研合作，创造更多自主创新、引领带动科技和产业创新。

案例5 加强产学研合作，实现无缝对接

——国家火炬高邮特种电缆特色产业基地

围绕推进基地创新能力建设，高邮市政府与西安交通大学、上海电缆研究所、哈尔滨理工大学、天津大学建立了全面合作关系，基地内企业先后与上海大学、哈尔滨理工大学、华东理工大学、南京理工大学等省内外高校建立了多种形式的产学研合作关系，签订了产学研合作协议十多份，并共同谋划共建"电缆之乡"。继续发挥西安交通大学国家技术转移中心高邮分中心的职能，推进电线电缆企业与电力设备电气绝缘国家重点实验室的深度合作，重点引进院士、千人计划等科技领军人才和创新创业团队、培养技术骨干。高邮市着重和电线电缆专业学校哈尔滨理工大学进行深度合作，充分发挥其教育教学资源优势，让学校研究成果和企业无缝对接，让高级教师走进企业办培训班，让优秀毕业生扎根企业就业，让企业和学校进行实训互动。

（三）促进科技与金融的深度融合

促进科技和金融紧密结合，对于加速科技成果的转化和产业化具有重要意义。抓紧抓好科技金融工作，构建有利于科技金融结合的科技管理体制，健全财政资金与社会资本投向科技产业的联动机制，实施支持科技型中小微企业专项行动，鼓励扶持面向科技型企业的金融创新，大力发展多层次资本市场，是金融服务实体经济、助推经济转型升级的有效途径。据有关数据统计，2016 年，当地政府支持产业发展出台金融政策的基地占整个火炬基地数的94.7%，且将近一半的基地都设立了专项资金，支持基地的科技创新，让科技创新成为推进经济发展的新引擎。见图 7。

案例6 强化专项资金引导企业加大投入

山东省不断加大对火炬基地内企业创新的扶持力度，引导项目、平台、人才等各类创新资源向企业集聚，提升企业的自主创新能力。

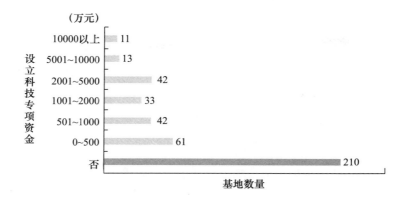

图7 412家基地设立科技专项资金情况汇总

案例6 培育创新型企业，强化创新主体支撑
——山东省

山东省制定出台了《山东省小微企业升级高新技术企业财政补助资金管理办法》和《山东省企业研究开发财政补助资金管理暂行办法》等一系列普惠性创新型企业培育政策，引导鼓励企业开展研发活动、加大研发投入。加快高新技术企业培育，促进高新技术企业发展壮大，通过技术扩散、人才溢出、产业链延伸等方式发挥它们在基地中的引领辐射作用，催生了一批细分领域的中小高新技术企业群体，与特色产业融合发展。2016年火炬基地内企业研发投入303亿元，同比增长1.7%；大专及以上人员达到57万人，同比增长5%；获得专利授权25790件，同比增长17.7%，其中发明专利5957件；高新技术企业达到1019家，同比增长21.5%。

案例7 设立科技特色支行支持中小企业发展

临商银行适应基地发展，成立科技特色支行，设立与科技有关的奖项，支持企业的发展。

案例 7　发挥金融引擎作用，助推基地经济发展

——国家火炬费县木基复合材料特色产业基地

临沂市首家科技特色支行——临商银行费县开发区科技支行成立于 2015 年 12 月 8 日。科技支行作为从事科技型中小企业金融服务的专业支行，为企业提供科技融资担保、知识产权质押、股权质押等金融服务。设立"兴我费县科技奖"、"企业技术进步奖"，对企业科技创新、技术改造、通过权威国际质量技术认证、参加境外展会的展位费、投保出口信用险等给予重奖或补贴设立 500 万元的中小企业发展基金和 5000 万元的"还贷过桥资金"，重点支持木业产业集群发展。

各级政府为支持基地企业的发展出台了相关的金融政策，分析情况见图 8。

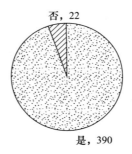

图 8　412 家基地为支持企业发展出台金融政策情况

（四）推动科技创新人才加快聚集

创新驱动实质上是人才驱动。为了加快形成一支规模宏大、富有创新精神、敢于承担风险的创新型人才队伍，要重点在用好、吸引、培养上下功夫。要学会招商引资、招人聚才并举，择天下英才而用之，广泛吸引各类创新人才，特别是最缺的人才。同时，要用好科学家、科技人员、企业家，激发他们的创新激情。

从全国各省市地区基地建设的情况来看，基地在依托特色优势产业建设人才高地、加强人才引进培养体系建设、规范人才管理、加强人才保障、加快创新人才集聚、实施区域

特色人才项目、吸收高层次创新人才参与基地发展等多个方面取得了显著的成效。

以 299 家基地发展数据分析，2016 年特色产业基地从业人员总数为 865.8 万人，其中拥有大专及以上学历的人才总数为 289.4 万人，同比 2012 年增长 19.4%，占从业人员总数的 33.4%。统计数据显示，特色产业基地内博士及硕士数量呈发展态势，硕士人数发展较为迅速。2016 年，基地内博士人数达 2.0 万人，同比 2012 年增长 28.4%，占大专学历总人数的 0.7%；基地内硕士人数达 12.1 万人，同比 2012 年增长 47.3%，占大专学历总人数的 4.2%，基地人才结构持续优化，高学历人才队伍越来越壮大。见表 13。

表 13　2012～2016 年特色产业基地从业人员汇总

年　份	2012	2013	2014	2015	2016
企业人员总数（万人）	800.7	812.3	857.0	850.4	865.8
大专及以上学历人数（万人）	242.4	257.9	268.2	279.4	289.4
大专及以上学历人员占比（%）	30.3	31.7	31.3	32.9	33.4
硕士学历人员占大专及以上人员比例（%）	3.4	3.5	3.9	4.0	4.2
博士学历人员占大专及以上人员比例（%）	0.6	0.6	0.7	0.7	0.7

注：表中统计基础为 2012～2016 年可比数据（299 家基地）。

通过对表 13 的分析，2012～2016 年，基地内从业人员中，拥有大专以上学历的从业人员数量，每年都处于上涨的态势。2016 年，拥有大专以上学历的从业人员占总数的三成以上，其中博士、硕士学历的从业人员达到 4.9%，说明高学历人才培养和优秀人才的引进，对于基地的建设与发展越来越重要。

基地建设的核心在于人才，各地在推动特色基地建设和发展的过程中，采取了诸多支持人才发展、引进人才等相关政策，培养了适应区域发展的有关人才。

案例8　加快集聚高端人才资源

国家火炬常熟电气机械特色产业基地切实加大人才引进力度，聚集高端人才，为基地发展注入新活力。

案例 8 瞄准高端人才，助推基地发展

——国家火炬常熟电气机械特色产业基地

基地切实加大人才引进力度，瞄准"千人计划"、海外高层次人才等高端人才，将招才引智工作作为推动产业发展的重要支撑。截至 2016 年底，累计引进高层次及创新创业人才 70 人，其中海外归国留学人员 17 名。引进国家"千人计划"项目 1 人，江苏省双创人才 4 名，常熟市姑苏人才 4 名，常熟市领军人才 23 名。实施"海鸥计划"和常熟市"双创"人才计划，与同济大学、西安交通大学等 20 多所高校开展人才培养合作，引进领军型创业人才和创新团队 17 个，为基地的发展注入了活力。

案例 9 加大产业技术创新人才引进

国家火炬福安中小电机特色产业基地积极拓宽引才引智渠道，设立人才引进基金，完善科技创新人才激励机制，鼓励企业加大人才激励力度，培育本地人才。

案例 9 拓宽渠道构建人才洼地，加大人才培育力度

——国家火炬福安中小电机特色产业基地

基地通过引进、激励、培育和文化建设，突破人才短缺的"瓶颈"。以海峡文化为平台和纽带，广纳海内外贤才。对引进的国内外创新人才及项目在土地、资金及税收等方面给予政策优惠。建立人才"柔性流动"政策，在人才使用上"不求所有，但求所用"，吸引更多的国内外人才前来开展项目、技术对接。深化与国内外知名高校、科研院所的深层次人才合作，通过引进一批高层次创新创业人才，带动一个团队，培育一个企业，形成一个产业。内设项目评审委员会，经过严格科学评估，对在基地内创办企业的团队、个人，给予高额度的补助，同时积极为其解决在住房、户口、子女入学等方面遇到的困难和问题。突出人才激励政策的创新性和配套性，对重点产业发展急需的各类高层次创新创业人才，加大创业启动资金、税收优惠、财政贴息等方面的

激励力度，并在创投资金、商业担保、产业引导资金等方面给予倾斜扶持。鼓励企业以设立技术股、创业股等方式，形成有效的激励机制来吸引人才。加大培育本地人才的力度，在引进外部人才的同时，重视并加大本土科技创新人才的培养力度，努力培育一流的本土创新型企业家，建设创新骨干队伍、创新人才队伍、实用人才队伍和中介人才队伍。市财政出资选派部分骨干企业技术人员，前往清华、人大、华中科技等名校参加企业经营管理、伺服电机及其控制系统等专业培训。联合宁德职业技术学院，开展"二元制"人才培养教育，采取"文化综合知识考试＋专业基础考试与岗位技能测试"相结合的考试办法，单独组织考试和录取，开展以专科全日制学历教育为主的人才培养，为基地不断输送专业技能人才。

二、特色产业集群效应凸显

为打造当地特色品牌的高端产业基地，各地区依托区域特色资源优势，充分结合产业自身的特点，坚持"特色引领、科技创新"，在良好的创新环境吸引以及骨干企业的带动下，基地产业链上的关联产业和企业加速向基地集聚。各大特色产业基地也集聚了相关行业领域的企业，带动产业集群化、集约化、集成化发展，加快了高端装备制造、新材料及生物医药基地等相关产业的迅速发展。

（一）龙头骨干企业带动作用明显

在深入推进基地产业集约化、集群化、集成化发展过程中，骨干企业是基地建设和发展的主体，各基地积极培育产业关联度高、主业突出、创新能力强、带动性强的重要骨干企业。

据统计，截至2016年，在299家基地中，骨干企业的数量共有5141家，占基地企业总数的4.4%；骨干企业的从业人员达到279.1万人，占基地从业人员总数的32.2%，比2012年新增34.9万人；骨干企业实现产值46959.9亿元，占基地工业总产值的55.9%，比 2012 年增加 11597.3 亿元。见表 14。

表 14　2012～2016 年特色产业基地骨干企业汇总

年　份	2012	2013	2014	2015	2016
骨干企业总数（家）	4071	4734	5137	4739	5141
从业人员总数（万人）	244.2	257.0	263.4	266.8	279.1
骨干企业工业总产值（亿元）	35362.6	42768.4	43985.9	44888.4	46959.9

注：表中统计基础为 2012～2016 年可比数据（299 家基地）。

基地中大型骨干企业保持平稳的增长速度，据有关数据统计，在连续上报的企业中，2016 年度大型企业数在 10 家以内的基地占整个火炬基地数量的 60.2%；其次拥有 11～20 家、21～50 家大型企业数的基地分别占火炬基地数量的 16.5% 和 9.5%；企业总数在 50 家以上的有 16 个。分布情况见图 9。

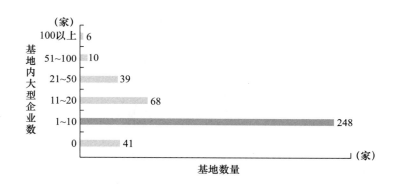

图 9　412 家基地内大型企业分布情况

特色产业基地的发展离不开企业的成长与进步，尤其是基地内骨干企业的发展。2016 年，299 家基地骨干企业只占基地企业总数的 4.3%，却占到基地工业总产值的 56.0%，基地超过一半的经济效益增长都是由骨干企业带动的。基地骨干企业的良性发展对形成以骨干企业为核心纽带的全产业链格局，带动基地人才、技术、产业的可持续发展有着重要的影响。以下几个案例较有代表性。

案例 10 骨干企业带动产业链布局得以优化

国家火炬佛山自动化机械及设备特色产业基地充分发挥龙头骨干企业其对经济增长的带动作用，进一步发展壮大。

案例 10 "抓大"发展，优化布局

——国家火炬佛山自动化机械及设备特色产业基地

基地在经济发展的过程中，始终本着"抓大不放小"的原则，全面优化企业布局。当前，龙头骨干企业对基地经济贡献非常突出，2016 年，基地税收超千万元工业企业达 47 家，纳税超亿元企业达 4 家，基地规模以上工业企业 241 家。基地在现有五大主导产业的基础上，进一步明确产业发展方向，着力推进以通用/专用设备制造、汽车及零部件、电子电器等产业为特色的机械装备产业发展，全年新动工项目 14 个，新投产项目 12 个，带动了基地的发展。

案例 11 骨干企业的辐射带动作用进一步凸显

国家火炬邗江数控金属板材加工设备特色产业基地通过龙头企业的发展带动辐射中小企业的发展，打造形成完善的产业链条。

案例 11 扶持龙头骨干企业，带动产业发展

——国家火炬邗江数控金属板材加工设备特色产业基地

基地采取多种有效措施，通过扶持龙头骨干企业来带动和辐射中小企业，形成了毛坯铸造、焊接、零部件加工、模具、电器、控制电缆、总装等优势互补、相互竞争、联动发展的产业集群。如华中科技大学创办的扬州多维数控公司专门研发生产机床数

控系统，弥补了机床数控系统缺失的环节。恒德模具成功实现了数控冲床模具的本地化开发制造，金运钣焊、高力机械、日高锻压等床身、焊接、零部件加工配套企业，在整机厂的拉动下，快速发展，配套产业链条拉长加粗。扬州中旋公司专业生产旋压机，填补了扬州乃至江苏装备产品的空白，其生产的立式强加旋压机技术达到国际先进水平。此外，一批国际知名装备企业已将扬州高新区作为其在中国发展的重要基地，全球最大的数控钣金机床和工业激光器生产商之一的德国通快集团并购江苏金方圆公司，德国舒尔驰公司与奥力威公司合资成立扬州舒尔驰公司，全球金属成型行业的领先企业和最大设备提供商德国舒勒并购扬州锻压等。

（二）关联企业产业聚集效应凸显

特色产业基地积极营造良好的创新创业环境，吸引产业相关联企业集聚，企业数量呈现逐步上升的趋势，集群效应明显。按照 299 家可比统计数据统计，2012～2016 年，特色产业基地企业总数由 2012 年的 84518 家增长到 2016 年的 116415 家，较 2012 年增加了 31897 家，增长比例为 37.7%，年均复合增长率达到 8.3%（见表 15）。其增长趋势可见图 10。

表 15　2012～2016 年特色产业基地企业数量汇总

年　份	2012	2013	2014	2015	2016
企业总数（家）	84518	94531	104929	107585	116415

注：表中统计基础为 2012～2016 年可比数据（299 家基地）。

2012～2016 年，2012～2014 年企业数量增长趋势较快，从 84518 家增加到 104929 家，特色产业基地企业聚集实现了量的突破，2015 年增长速度有所减缓。特色产业基地逐步形成了以主导产业为牵引，吸引相关企业入驻基地，完善全产业链条的发展格局。特色产业基地围绕特色产业，积极集成各方资源和力量，以科技创新和体制机制创新为驱动力，以培育发展具有较高技术含量、较强市场竞争力、特色鲜明、优势明显的产业为目的，以载体平台等硬件建设与创新文化等环境建设相结合，构建具有较完备支撑和服务功能的产业集聚区，从而带动企业实现健康、可持续发展。

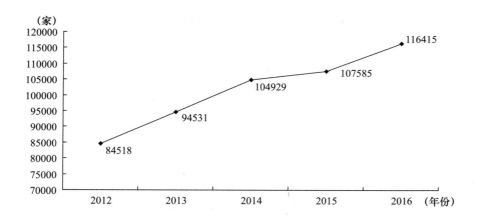

图10 2012～2016年特色产业基地企业增长趋势

中小企业是我国经济和社会发展中的一支重要支撑力量，在确保国民经济稳定增长、缓解就业压力、拉动民间投资、优化经济结构、促进市场竞争、推进技术创新、促进市场繁荣、方便群众生活、保持社会稳定等方面具有不可替代的地位和作用，因此培育中小企业的发展也是基地发展的重要任务。2016年，科技型中小企业数在100家以内的基地占整个火炬基地数量的74%；其次拥有101～200家、201～500家企业的基地分别占火炬基地数量的14.3%和6%；企业总数500家以上的有15个。见图11。

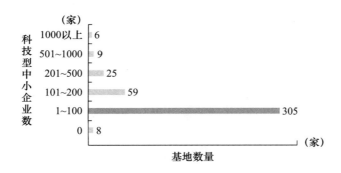

图11 2016年412家特色产业基地科技型中小企业数汇总

案例 12　产业链完整，协同创新体系日臻完善

国家火炬泉州经开区无线通信特色产业基地已经形成了数字视听、微波通信、智能安防、无线电对讲机、LED 和太阳能光伏、软件和信息服务业六大特色产业集群。

案例 12　促进了集群企业的有机合作和抱团发展

——国家火炬泉州经开区无线通信特色产业基地

基地各产业集群间技术相关性强，各产业集群的产业配套链特征明显，拥有从元器件、配套核心部件、各种节点产品、整机设备到系统集成的完整产业结构。这种从区域性发展而逐步形成并完善的内部产业链，促进了集群企业的有机合作和抱团发展。其中，传统优势集群数字视听（数字卫星视听接收设备）、微波通信（模块及直放站）、无线电对讲机发展，移动通信中继设备主要功能模块及整机分别占国内约 2/3 和 1/3 的市场份额；对讲机市场约占全国市场的 60%，占全国出口份额的 80%。卫星电视接收机和高频部件产量居全国第一。

案例 13　聚群发展，形成产业集群效应

国家火炬黄岛船舶与海工装备特色产业基地聚集了关联企业，积极发展了基地的三大产业集群。

案例 13　形成产业集群，带动联合发展

——国家火炬黄岛船舶与海工装备特色产业基地

基地聚集了青岛北船、青岛武船、中海油海洋工程、中石油海洋工程、中电科 14 所、中电科 41 所、海洋光电子工程中心、惠普大数据、青岛捷利达地理信息集团、青岛

海洋测绘装备研究院、明月海藻、聚大洋、科海生物、三泰（中国）膜工业等企业，形成以船舶—海洋工程装备—游艇—集装箱制造为核心的船舶海工产业链、软件产业—海洋科技研发—装备制造产业链、海洋生物医用材料产业—新型海洋环保材料产业—海水综合利用材料产业—新型海洋防护材料产业三大产业集群。

案例 14　聚集发展完善产业链条

国家火炬江门纺织化纤特色产业基地发挥大型企业对中小企业的辐射带动作用，积极发展园区聚集企业，形成服装行业的完整产业链。

案例 14　园区聚集，完善产业链

——国家火炬江门纺织化纤特色产业基地

基地结合纺织化纤产业的特点，在龙头企业的带动下，引导企业园区聚集，推动中小微企业的发展壮大，如新会沙滩镇的环保工业园聚集了 7 家纺织企业；罗坑锦丰工业园聚集了十多家企业，培育了锦丰纤维、冠晖制衣等企业；培育发展了宏美针织、大兴、宝发服饰、广新裕隆织染、信和染整、鸿新经编、群利达针织、红象土工织物等一批企业，积极推动纺织服装业向服装（成衣）制造延伸，形成原料—化纤—织造—针织—印染—服装的纺织服装产业链。

（三）高新技术企业培育步伐加快

特色产业基地建设不断引导和激发企业自主创新热情，提高企业科技创新能力，加快培育高新技术企业。2012～2016 年，基地内高新技术企业数量快速增长。2016 年 299 家特色产业基地内共集聚 116415 家企业，高新技术企业总数达到 8971 家，高新技术企业占到总数的 7.7%；2012 年 299 家基地企业数 84518 家，高新技术企业数 6256 家，高新技术企业占到总数的 7.4%。见表 16 和图 12。

表 16　2012～2016 年特色产业基地高新技术企业汇总

年　份	2012	2013	2014	2015	2016
高新技术企业总数（家）	6256	7163	7688	8238	8971

注：表中统计基础为 2012～2016 年可比数据（299 家基地）。

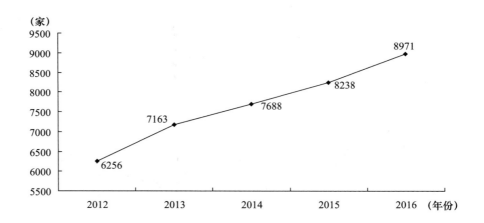

图 12　2012～2016 年特色产业基地高新技术企业增长趋势

　　特色产业基地内高新技术企业数量增加，在产品创新、技术研发上优势增大，企业整体素质得到进一步提高。按 299 家特色产业基地可比数据统计，2012 年的基地内高新技术企业 6256 家，2016 年基地内高新技术企业总数达到 8971 家，比 2012 年增加了 2715 家，增长比例为 43.4%，2012～2016 年，基地内高新技术企业年均复合增长率为 9.4%，总体上呈现稳步增长的趋势。

　　随着经济的不断发展，大力发展高新技术产业、优化提升传统产业，已经成为基地的工作重点。

案例 15　推动基地企业自主研发，培育高新技术企业

　　国家火炬鹤山金属材料特色产业基地大力培育发展高新技术企业和科技型中小微企业。

案例 15 建立创新平台 推动创新发展
——国家火炬鹤山金属材料特色产业基地

基地已建立省级工程技术研究中心 9 家。建立了科技服务平台,推动基地企业自主研发,为产业升级输送技术和成果,使新材料产业始终保持在较高水平上发展。基地通过内抓转型升级,外抓招商引资,大力培育发展高新技术企业和科技型中小微企业,目前有高新技术企业 25 家。

案例 16 实施培育计划,发展高企集群

国家火炬通化生物医药特色产业基地积极实施百户创新集群建设工程和巨人企业培育计划,已被科技部列入国家创新产业集群培育试点。

案例 16 打造巨人企业培育计划
——国家火炬通化生物医药特色产业基地

基地通过启动实施百户创新企业集群建设工程和巨人企业培育计划,截至目前,全市有国家级医药高新技术企业 26 家(修正、万通、益盛 3 家企业为国家级重点高新技术企业),医药领域省级创新型科技企业 26 家,省医药科技企业 40 户。通化医药产业创新集群被科技部列入国家创新产业集群培育试点。

(四)基地内上市企业数量稳步增长

培育和推进企业上市对增强区域经济活力、促进产业转型升级具有重要作用。推动特色产业基地内企业上市或引入上市企业入驻基地,对增强基地企业创新发展的动力,发挥上市企业的品牌效应,带动基地竞争力全面提升等具有较强的示范意义。

按 299 家特色产业基地可比数据统计,特色产业基地上市企业数量呈逐年增长态势。

从 2012 年的 477 家发展到 2016 年的 890 家，增长率达 86.6%。2012～2016 年，基地内上市企业年均复合增长率为 16.9%。见表 17 和图 13。

表17　2012～2016 年特色产业基地上市企业情况汇总　　　　单位：家

年　份	2012	2013	2014	2015	2016
国内上市企业	365	413	460	638	732
境外上市企业	112	115	130	163	158

注：表中统计基础为 2012～2016 年可比数据（299 家基地）。

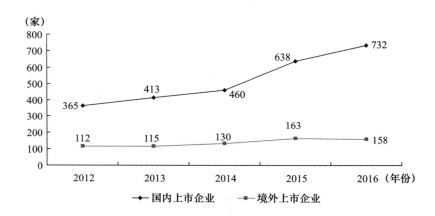

图 13　2012～2016 年特色产业基地上市企业增长趋势

2012～2016 年，国内上市企业入驻的情况呈现每年上涨势态，增长较明显的是 2015 年，高出 2014 年 38.7%，境外上市企业数量有一定起伏，2012～2015 年国内外上市企业数量都处于上升的趋势，2016 年比 2012 年上市企业数量增加 86.6%。

案例 17　培育上市企业，提高产品竞争力

国家火炬海宁经编新材料及装备特色产业基地积极培育上市企业，产品竞争力提高，市场占有率全球第一。

案例 17 领先世界，主导全球

——国家火炬海宁经编新材料及装备特色产业基地

基地内的上市公司浙江海利得新材料股份有限公司是全球首家研发并量产涤纶安全气囊丝的公司，该公司安全气囊丝、安全带丝等车用产品市场占有率持续保持全球第一，短时间内无法被替代。世界 500 强合资企业浙江万方安道拓纺织科技有限公司主要生产开发汽车内饰经编织物，产品供应全球主要的汽车制造企业。浙江港龙新材料股份有限公司主要生产灯箱布，2016 年 1 月已在"新三板"上市，准备在主板上市。浙江成如旦新能源科技股份有限公司主要生产风力发电叶片用复合材料，浙江华生经编新材料有限公司主要生产涂层材料，这两家公司正在准备上市，已进入尽职调查等程序。浙江明士达新材料有限公司正在实施"年新增 80000 万平方米功能性复合环保材料技改项目"，该项目正在申报浙江省重大产业项目，新项目建成后，该公司有望成为全球最大的涂层生产企业。

三、持续推动区域经济发展

特色产业基地主动适应经济发展新常态，深入实施创新驱动发展战略，坚持市场主导、政府引导，通过有效整合地方特色优势资源，依靠科技创新，调整产业结构，促进区域特色产业优化升级，注重经济发展质量和效益，提升主导产品在全行业的竞争优势，打造基地产业"品牌"。2016 年，基地总体保持了稳中有进的良好发展态势，基地内的主导产业规模不断壮大，主导产品影响力不断提升。

（一）产业主导地位不断加强

特色产业基地大力支持具有地方特色并作为或将作为地方支柱产业的产业发展。2016年，在 299 家基地中，95.7% 的基地特色产业比重达到 50% 以上，同比 2012 年增长约 35

个百分点。各产业领域的特色产业基地总体上都实现了经济的快速增长，其中，130 家基地的主导产业在国内市场的占有率达到了 20%（含）以上。见表 18。

表18　2016 年特色产业基地重点领域统计

细分产业	基地数量	基地内企业总数	特色产业比重超过 50% 的基地	主导产业的市场占有率超过 20% 的基地	工业总产值（亿元）	上缴税额（亿元）
先进制造与自动化	108	42396	105	51	35117.1	1619.4
新材料	76	21778	71	29	22800.8	1590.3
生物与新医药	40	6326	38	15	9252.3	420.2
电子信息	32	5361	31	11	8293.1	419.4
新能源与节能	23	3130	21	13	3751.8	206.2
资源与环境	7	2613	6	4	1990.2	108.8
航空航天	3	903	3	2	505.0	87.9
其他产业	10	33908	10	5	2329.0	60.3

注：根据 2016 年 299 家基地作为计数基数。

从表 18 可明显看出，特色产业基地在所涉及的领域中，主导产业的市场占有率有较大优势。

特色产业基地八大领域发展情况

➢ 先进制造与自动化领域，特色产业基地共有 108 家，基地内共有企业 42396 家，涉及汽车及轨道车辆相关技术、工业生产过程控制系统、先进制造工艺与装备、高性能智能化仪器仪表、高技术船舶与海洋工程装备设计制造技术等细分领域，实现工业总产值 35117.1 亿元，上缴税额 1619.4 亿元。

➢ 新材料领域的特色产业基地共有 76 家，基地内共有企业 21778 家，实现工业总产值 22800.8 亿元，上缴税额 1590.3 亿元。

➢ 生物与新医药领域，特色产业基地共有 40 家，基地内共有企业 6326 家，实现工业总产值 9295.3 亿元，上缴税额 420.2 亿元。

➢ 电子信息领域，特色产业基地共有 32 家，基地内共有企业 5361 家，实现工业总产值 8293.1 亿元，上缴税额 419.4 亿元。

> 新能源与节能领域，特色产业基地共有 23 家，基地内共有企业 3130 家，实现工业总产值 3751.8 亿元，上缴税额 206.2 亿元。

> 资源与环境领域，特色产业基地共有 7 家，基地内共有企业 2613 家，实现工业总产值 1990.2 亿元，上缴税额 108.8 亿元。

> 航空航天领域，特色产业基地共有 3 家，基地内共有企业 903 家，实现工业总产值 505.0 亿元，上缴税额 87.9 亿元。

> 其他产业领域，特色产业基地共有 10 家，涉及文创、研发设计、服装设计、羊绒、纺织等产业，基地内共有企业 33908 家，实现工业总产值 2329.0 亿元，上缴税额 60.3 亿元。

特色产业基地积极推动产业转型升级，推动主导产业高端化，特色产业集群化。

案例 18　发展主导产业，促进转型升级

国家火炬常州轨道交通车辆及部件特色产业基地积极发展特色主导产业，从单纯的零部件的生产发展到整车生产和维修服务的完整产业链，提高了基地的竞争力。

案例 18　积极发展主导产业
——国家火炬常州轨道交通车辆及部件特色产业基地

基地经过多年发展集聚，已形成了从零部件配套到整车生产和维修服务的完整产业链。产品从牵引传动到制动转向，从电气控制、输变电到车体、内饰、照明产品，门类齐全，品种达 2500 余种，基本能实现全产业配套。其中，轨道交通牵引传动系统、内饰产品、车内辅助电器等产品市场占有率领先。基地集中加强了大功率柴油机、全悬挂转向架、节能环保等核心技术的攻关，拥有了 HXN5B 型内燃机车等优势产品的领先技术水平，实现技术引领，促进转型升级。

案例19　突出特色招商

国家火炬保山硅材料特色产业基地在招商过程中突出重点，确保招商引资取得实效，根据基地的需要和特色加强特色招商。

案例19　加强特色招商，助推基地发展
——国家火炬保山硅材料特色产业基地

基地加大招商引资力度，争取多晶硅、有机硅、太阳能组件等新能源新材料项目早日落户园区。积极主动对接国内外重点区域、重点企业，有针对性地开展特色招商、产业链招商，加快招引产业关联度大、辐射带动能力强的大企业，拉长硅产业链，大力引进技术含量高、附加值高的产业领域内领军企业，形成大企业龙头带动、关联企业专业配套、产业链上下游产品齐备的一体化产业发展格局。

（二）产业发展方向更加突出

特色产业基地建设为产业集群发展提供了良好的环境和平台，集聚了相关的生产资源和关键要素，成为承载产品群和产业链的平台，产业集群效应明显，形成有效的配置资源机制，促进了全产业链的产业生态链的生成发展，使产业发展方向更加突出和集中。

《"十二五"国家战略性新兴产业发展规划》（国发〔2012〕28号）提到，"围绕培育和发展战略性新兴产业，加强技术研发、集成应用和产业化示范，集中力量实施一批科技重点专项"，为特色产业基地发展提供了方向。《高新技术产业化及其环境建设"十二五"专项规划》（国科发计〔2012〕71号）也明确指出，要"在一些有优势的地区，根据资源禀赋、产业特色、创新能力、人力资源等，发展具有广阔市场前景、资源消耗低、带动系数大、就业机会多、综合效益好的战略性新兴产业，培育一批战略性新兴产业集群，推动升级一批重点产业集群"。

案例20　重视骨干企业带动

骨干企业要抢抓机遇，改革创新，紧盯目标，增强行业竞争优势，真正为基地稳增长、促发展发挥生力军作用。

案例20　骨干企业成为基地发展的"领头羊"

——国家火炬淄博生物医药特色产业基地

新华制药是亚洲最大的解热镇痛类药物生产与出口基地，国内重要的心脑血管类、中枢神经类、抗感染类等药物生产企业，分别在香港、深圳上市，主要产品化学原料药、医药制剂、化工原料、医药中间体等300余个品种，年产原料药2.5万吨，片剂达80亿片、针剂3亿支、胶囊2亿粒。8个原料药主导品种市场占有率居国内第一位，10个原料药为独家品种。该公司是中国医药工业十佳技术创新企业，中国制药工业50强，西药原料出口五强企业。目前，基地内现有企业60余家，收入超过亿元的有12家，超过10亿元的有4家，超过20亿元的有2家。拥有高新技术企业26家、国家火炬计划重点高新技术企业3家，上市公司发展到5家企业（6只股票），有4家企业进入全国医药工业百强企业，4家企业加盟国家综合性新药研发技术大平台（山东）产业化示范企业。

案例21　提升骨干企业竞争力

国家火炬东海硅材料特色产业基地积极发展主导产品，基地的硅产品在全国、亚洲乃至全世界都有极高的覆盖率。

案例21　产品市场占有率高，竞争优势明显

——国家火炬东海硅材料特色产业基地

基地一批中高档硅产品覆盖全国80%市场，高档产品100%出口或替代进口，在亚

洲乃至国际市场上均占据主导地位。其中，石英玻璃原料、石英玻璃及石英玻璃器件的产量占全国 85% 以上；二氧化硅与碳化硅微粉的产量占全国 70% 以上；优质石英陶瓷产量占全国 40%。基地还培育出一批在亚洲占据领先地位的硅产品制造骨干企业。通过持续的技术积累和开拓市场的努力，目前硅材料产业已成为东海第一主导产业，占有工业经济的半壁江山。

案例 22　推动全产业链协同，加快产品创新

国家火炬东台特种金属材料及制品特色产业基地积极推动企业转型升级，加快产品创新，不断完善公司的产品，对产品进行垂直升级平行延伸，提高产品的科技含量，保障主导产品的竞争力。

案例 22　打造主导产品核心竞争力

——国家火炬东台特种金属材料及制品特色产业基地

基地内主导产品包括钴基、镍基、铁基合金系列焊丝、堆焊焊条、气门钢、钨钼合金材料等特种金属材料以及铝合金制品、钢帘线、核锻件、船舶配件、汽车零部件等制品。峰峰公司已成为国内同行业加工规模最大、产品质量最优、工艺技术精湛、装备水平先进、人才配备充足的钨钼生产企业，是全国一流的钨钼产品供应基地，生产的钨钼产品是江苏省名牌产品；新闰锻造的核电锻件，技术水平国内领先，是国内唯一一家获得国家核安全局颁发的民用核安全设备制造许可证企业，产品广泛应用于核电、军工、火电、化工、船舶等领域，公司拥有国家核电锻件、国家 A 类压力容器生产资质、西门子中国锻件采购供应商和军工锻件供应商资质，通过船级社资质认证和军品生产认证；新中洲的特种合金高温高压阀门件，在同行业平均占有率为 40%。

（三）特色产业发展迈向中高端

我国经济发展进入新常态，对地方经济转型发展提出了新的更高要求。加快破解制约经济转型的深层次体制机制障碍和结构性矛盾，走出一条转型升级、创新驱动发展的新路，是发展特色产业基地的重要任务。

基地牢牢把握发展这条主线，在发展主导产业的同时，同步推进存量调整和增量优化，培育市场主体和完善产业体系，把推动发展的着力点转移到打造经济转型升级的新活力、新动力、新体系和新优势上来，打造基地特有品牌，全面增强产业核心竞争力。

特色产业基地在促进区域经济发展的同时，注重区域协调发展，围绕提质增效，打造特色产业品牌，形成全链条的产业发展格局，全面提升基地产品在国内外的市场影响力，已取得重大进展。

案例 23　基地建设促产业转型升级

国家火炬大丰海上风电装备特色产业基地积极发展各项工作，成为大丰市经济转型的重要抓手。

案例 23　依托自身优势，发展特色产业

——国家火炬大丰海上风电装备特色产业基地

基地位于江苏东部沿海，自身条件优越，2009 年《江苏沿海地区发展规划》将大丰区确定为国家新能源发展基地，在大丰风电产业园管理委员会的带领下，积极发展基地各项工作。基地主导特色产业所属行业为装备制造，细分行业为海上风力发电设备、风电零部件制造及工程技术服务等。风电产业已经成为大丰区重点发展的战略性新兴产业，在推进供给侧结构性改革，优化调整能源结构、转变经济发展方式中具有举足轻重的作用。

案例 24　基地建设促产业优化布局

国家火炬单县医用可吸收缝合线特色产业基地积极利用自身优势资源，发展多种相关产品，促进多种产品的全面发展。

案例 24　利用当地资源，促进产品全线升级

——国家火炬单县医用可吸收缝合线特色产业基地

单县是"中国青山羊之乡"，单县羊肉汤闻名全国，以青山羊肠衣为原料的羊肠线不亚于羊肉汤的知名度，其生物相容性、拉力稳定性、吸收可控性均优于国家标准，胶原蛋白缝合线占国内市场的 90% 以上，产品涉及羊肠线、羊肠线半成品、PGA、PGLA、PGCL、PDO 等 PGO、PGA、PGLA、PGCL、胶原蛋白缝合线、埋线、7-0 美容线、胶原蛋白锯齿线、PGA、甲壳质线、医用生物可吸收性外科缝线、无损伤医用缝合线、生物制品可吸收缝合线、可吸收性外科缝合生物线、高分子合成缝合线等各类各式产品。

案例 25　推动品牌创建，促进基地发展

国家火炬德化陶瓷特色产业基地已经成为中外交流的桥梁，基地发行了纪念邮票，荣获地理标志产品称号，并且成为循环经济发展的示范点。

案例 25　主导产业外贸转型升级，走绿色可持续发展之路

——国家火炬德化陶瓷特色产业基地

基地陶瓷品牌蜚声中外，成功发行德化窑瓷器特种邮票、中国摩洛哥建交 50 周年纪念邮票、中国马尔代夫建交 40 周年纪念邮票。境外商标注册 19 件，中国驰名商标 6 件、著名商标 50 件，"德化白瓷"获国家地理标志产品称号，基地经过近几年的发展，陶瓷产业基地已经发展为全国最大的工艺陶瓷生产和出口基地，基地企业工业固体废弃物再生率达 90% 以上，成为福建省第一个循环经济试点县，被确定为福建省唯一的国家循环化改造示范试点园区。

案例26 提升产品品牌机制价值

提升产品品牌价值、提高产品的知名度和市场认可度是国家火炬龙泉汽车空调零部件特色产业基地发展的着力点，基地目标是打造中国造的汽车空调零部件的生产基地。

案例26 打造汽车空调品牌，形成信誉保障
—— 国家火炬龙泉汽车空调零部件特色产业基地

基地着力构建龙泉汽车空调品牌，提升产品品牌价值，不断提高产品知名度和市场认可程度。选取目前龙泉汽车空调零部件产品中价值较高的品牌，如立丰、龙之星、创新、新劲等，通过大力宣传和提高产品品质等途径扩大产品品牌效应，以良好的质量、服务、信誉和宣传确立龙泉汽车空调品牌在市场中的重要地位。同时以基地的名义注册"龙泉汽车空调"公共品牌，以优势品牌形成良好的信誉，以优质信誉促进品牌的推广，二者相辅相成，共同打造龙泉汽车空调零部件名牌产品。

案例27 形成基地品牌，促进经济发展

国家火炬福鼎化油器特色产业基地建立布局合理，门类齐全、配套功能完善的化油器工作体系，形成了自己的基地品牌，在发展自身的同时极大地促进了区域经济的发展。

案例27 加强基地品牌建设，促进区域经济发展
—— 国家火炬福鼎化油器特色产业基地

基地已建成了全国最大的化油器生产基地，产品畅销国内外。华益机电公司参与我国通用机化油器国家标准的修订，并全面主持在福鼎市举办中国小汽油机分会及户外动力设备2016年会工作。全市90多家企业通过国际质量体系和环境管理体系认证；"华益"化油器获"中国驰名商标"，京科、华龙等8家企业获福建省名牌产品，华龙、

佳磬等获福建省著名商标企业 10 家，宁德市知名商标企业 26 家；华龙化油器公司开发的"MCBA 压缩波喷射式化油器"获"国家重点新产品"，打造产品特色品牌，提升知名度和产品市场竞争力，巩固占有全国"半壁江山"的市场份额，其中生产摩托车、通用机化油器产量分别占全国的 73% 和 61%，占全国化油器出口量的 78% 和 69%，进一步推动了区域经济发展。

（四）区域经济发展水平提升

通过基地建设，以科技创新推动产业转型升级，不断增强产业和产品的市场竞争力，形成特色主导产业，有效地推动了区域经济发展。

案例 28　统筹布局和分类指导，强化特色支撑

山东省统筹火炬基地建设布局，目前，火炬基地已覆盖 15 个市，涵盖了电子信息、生物医药、新材料、先进制造、新能源与节能等重点高新技术领域。注重对不同类型的火炬基地实行分类指导，促进各类火炬基地找准自身定位，健康发展，支持火炬基地大力开展自主创新，发展产业高端技术，打造区域特色品牌，成为产业发展的"领头羊"。

案例 28　特色产业基地支撑区域经济发展
——山东省

2016 年，山东省基地特色产业比重达到 74.7%，其中 23 家特色产业比重超过 90%。指导未设立火炬基地的区县在充分研究现有特色产业和资源等问题的基础上，做好规划，创造条件，努力向火炬基地的标准看齐。2016 年全省新建设布局 8 家国家火炬特色产业基地，全省火炬基地达到 66 家，2016 年实现总收入 13364 亿元，同比增长 11.3%；实现净利润 907 亿元，同比增长 5.6%；上缴税费 566 亿元，同比增长 11.2%。与此同时，各火炬基地占当地经济总量的比重逐步加大，对区域经济发展的支撑作用越来越明显。如东营铜冶炼与铜材深加工产业特色产业基地 2016 年有色金属

产业实现产值 1047 亿元，特色产业产值占东营经济技术开发区规模以上总产值比重为
60.8%；国家火炬临沭县新型肥料特色产业基地实现产业产值 303 亿元，对临沭县
GDP 增长的贡献率达到了 65.3%。

案例29 依托区域特色，推动产业发展

河南省积极指导和支持特色产业基地依托区域特色，着力提升创新发展能力，大力推动产业集群、要素集约、技术集成，为区域经济社会发展提供强有力的支撑。

案例29 对区域经济发展具有重要示范带动作用
——河南省

南阳防爆装备制造产业基地产值超亿元的企业达 25 家，超 5000 万元企业达 28 家，工业生产总值占南阳高新区工业生产总值的 29.7%，在南阳 GDP 中所占比重也逐年增加。2016 年，南阳防爆装备制造产业基地主导产业国内占有率达到 27%，工业总产值达 92.03 亿元，主营业务收入 92.03 亿元，完成利税总额 8.11 亿元，对区域经济发展具有重要的示范带动作用。济源矿用机电产业基地 2016 年矿用机电产业完成工业产值 177.63 亿元，利税达到 9.05 亿元，工业总产值占全市总产值的 13%，解决了 8000 多个就业岗位，经济社会效益显著。临颍农产品精深加工特色产业基地 2016 年基地年固定资产完成投资 121 亿元，占全县投资的 56%；主营业务收入 290 亿元，占全县比重达到 41.6%；完成税收 4.1 亿元，占全县工业税收的比重突破 75%。在国内外经济形势下行压力较大的情况下，农产品精深加工特色产业整体仍保持逆势增长态势，有力地推动了县域经济快速健康发展。

案例30 促进特色产业快速发展

目前，天津市已形成装备制造、信息安全、现代纺织、节能装备等产业特色鲜明、产

业关联度大、技术水平高、创新能力强、发展环境优化、布局相对集中的特色产业集群，促进了天津特色产业快速发展。

案例 30　成为区域经济增长中重要"引擎"
——天津市

天津中北汽车火炬特色产业基地位于西青区中北镇，基地 2016 年工业总产值达到 318 亿元，占全镇 GDP 比重的 50% 左右，在西青区经济发展中占有重要的地位，逐渐成为天津市经济发展的主力军。天津现代纺织基地内企业经济效益显著，成为天津纺织行业发展的重要推动力，基地纺织销售收入占到空港纺织收入的 55%，为天津空港经济区的经济建设做出了贡献。武清电子商务特色产业基地，目前共引进电子商务及其上下游配套企业 490 余家，2016 年入驻企业数 300 余家，国内知名电商企业超过 10 家。优质企业的入驻创造大量就业岗位的同时也带动了区域内商业、餐饮业的迅速发展，成为区域经济社会发展的"助推器"。

四、扎实推动区域创新创业活动

特色产业基地通过不断完善政策体系，创新管理机制，强化科技服务及人才培养，加强企业为主体、产学研结合的技术创新体系建设，在集聚创新要素资源、优化创新创业环境、支撑或培育特色优势产业发展方面发挥了重要作用，区域创新活动持续活跃。

（一）加大地方政策配套与扶持

各省、市从自身实际出发，在"大众创业、万众创新"政策的引导下，积极落实各项科技工作方针，各地为积极探索科技服务业促进产业创新发展的新模式和新机制，不断加大科技创新工作力度，在培育高新技术产业、运用高新技术改造传统产业、建立和完善科技创新服务体系、加大专利工作力度、与大专院校共建创新载体等方面都有了新的突破，提高了产业基地科技创新水平，为全面推进区域经济和社会发展提供了技术支撑。打通科技成果向现实生产力转化的通道，增强产业转型升级的技术源头供给。

案例31 出台相关政策，鼓励自主创新

国家火炬乌鲁木齐米东石油化工和煤化工特色产业基地出台一系列相关文件，鼓励企业自主创新力度，加快特色产业基地建设步伐，不断提升优势产业核心竞争力。

案例31 以科技为先导，营造创业创新氛围

——国家火炬乌鲁木齐米东石油化工和煤化工特色产业基地

米东区委、区政府先后出台了《米东区科技进步奖励办法》《米东区科学技术进步奖励办法实施细则》《米东区鼓励企业自主创新争创名牌产品奖励办法》《关于对米东区首届创新创业大赛获奖单位和个人进行表彰奖励的通报》等相关文件政策，鼓励企业自主创新力度，加快特色产业基地建设步伐，切实加强米东石油化工和煤化工特色产业基地建设，不断提升优势产业核心竞争力，形成了以中石油乌鲁木齐石化分公司、神华新疆能源有限公司、新疆中泰化学股份有限公司等骨干企业为龙头的产业集群，特色产业基地已成为米东区工业经济发展的重要支柱及新的经济增长点。2016年，乌鲁木齐市米东区被自治区科技厅认定为《自治区可持续发展试验区》。

（二）引导企业加大研发资金投入

特色产业基地坚持创新驱动发展，注重强化基地内企业自主创新能力的提升，积极引导企业加大研发投入力度，提升核心竞争力，增强发展后劲。2016年，299家特色产业基地内企业研发总投入达2150.9亿元，同比2012年增长17.0%。2012～2016年，除2013年增长较快达到2036.9亿元，其他年份均保持了较平稳的增幅。见表19、图14。

表19　2012～2016 年特色产业基地企业研发投入汇总

年　　份	2012	2013	2014	2015	2016
企业研发投入（亿元）	1837.6	2036.9	1970.3	2011.8	2150.9

注：表中统计基础为 2012～2016 年可比数据（299 家基地）。

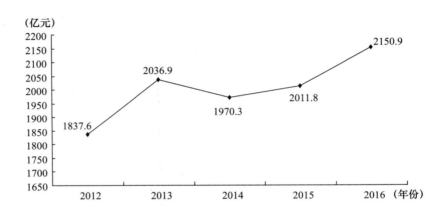

图 14　2012～2016 年特色产业基地研发投入强度趋势

案例32　加大研发投入，提升自主创新能力

国家火炬宁波电子信息特色产业基地通过科技、资金、人才等产业要素资源的集聚发展，产业规模不断扩大，企业研发投入不断增长，自主创新能力不断增强，已形成一批具有创新活力和市场竞争力的企业群。

案例32　研发投入不断增长　创新能力显著提高
——国家火炬宁波电子信息特色产业基地

基地 2016 年 R&D 研发投入占 GDP 的比重达 6.7%；新增省级重点企业研究院 2 家、市级工程技术中心 5 家、区级企业工程（技术）中心 21 家；2016 年发明专利申请 1510 件、发明专利授权 443 件，同比分别增长 18.9% 和 24.79%。基地作为创新创业主体，建成了长三角颇具影响力的开放型创新服务大平台——宁波研发园。引进了工信部电子五所、东软集团宁波智慧健康研究院、中科院信息技术应用研究院等一批高水

平研发机构；与上海交大、复旦大学等大学名校合作设立研究机构，成为宁波市高素质人才和高水平研发机构的集聚地，为宁波电子信息产业基地提供了强有力的技术支撑。基地同时强化了企业的创新主体地位，鼓励企业通过工程技术中心的创建向技术（产品）创新的小试、中试等前端环节延伸，全区现共有各级企业工程（技术）中心60余家。赛尔富电子等企业申报的研究院列入省级企业研究院建设计划，日地太阳能获省级高新技术企业研究开发中心。由均胜汽车电子公司牵头成立的新能源汽车研究院被评为纯电动汽车产业技术创新试点第二批省级重点企业研究院。

案例33 加大研发比重，助推各企业发展

国家火炬南京江宁可再生能源特色产业基地不断推动可再生能源基地企业持续加大研发投入，实现产业良性滚动发展。

案例33 研发投入持续加大创新能力实现快速提升
——国家火炬南京江宁可再生能源特色产业基地

近年来，基地企业研发投入持续加大，占产业产值比重持续提升，2016年，基地企业研发总投入占基地产业总产值比重达10%以上。目前，基地围绕产业链条及产业发展加大产业重大项目的引进和建设，累计列入全区重大项目的可再生能源项目达14项，总投资额达104.5亿元，产业涉及风电装备、微网控制、光伏发电、空气能热水器、分布式能源集控等技术领域。基地可再生能源产业产值、创新能力、市场占有率等各项指标稳步提升，部分骨干企业主导产品成功走出国门，远销欧美市场。南京高齿的高速齿轮产品成功出口英国、巴西、阿根廷、印度等多个国家。中电光伏积极打造从电池、组件到下游系统开发投资的一体化产业链，先后承担多项国家重点科技攻关项目，参与中美、中意、中欧、中西、中日等众多国际合作项目。

（三）引导自主创新能力大幅提升

2016 年，299 家特色产业基地申请国内专利数量达 258023 件，较 2012 年增长 71.0%；申请国外专利数量达 2014 件，同比增长 96.7%。

2012～2016 年，发明专利及实用新型专利申请数量也呈逐渐增长的态势。2016 年，发明专利 68861 件，实用新型专利 105879 件，分别占当年国内申请总数的 26.7% 和 41.0%，基地内企业的创新能力不断增强。见表 20。

表 20　2012～2016 年特色产业基地申请专利数

年　份	2012	2013	2014	2015	2016
申请国外专利数（件）	1024	1250	1138	2014	2014
申请国内专利数（件）	150924	204202	189623	213398	258023
其中：发明专利	36292	48992	51459	60367	68861
实用新型专利	57788	76041	77135	92354	105879

注：表中统计基础为 2012～2016 年可比数据（299 家基地）。

2012～2016 年，专利授权数持续上涨，由 2012 年的 92285 件增加到 2016 年的 140466 件，反映出特色产业基地内企业的创新与研发能力在不断提升；软件著作权登记数量保持增长态势，统计数据显示，2016 年特色产业基地软件著作权登记数达 6087 件，同比 2012 年增长 67.5%。见表 21、表 22 及图 15、图 16。

表 21　2012～2016 年特色产业基地专利授权统计

年　份	2012	2013	2014	2015	2016
专利授权（件）	92285	106311	105611	123229	140466

注：表中统计基础为 2012～2016 年可比数据（299 家基地）。

表 22　2012～2016 年特色产业基地软件著作权登记数情况

年　份	2012	2013	2014	2015	2016
软件著作权登记（件）	3633	4209	4525	5570	6087

注：表中统计基础为 2012～2016 年可比数据（299 家基地）。

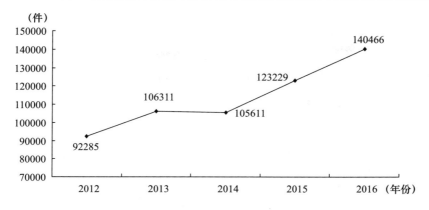

图15 2012～2016年特色产业基地专利授权数增长趋势

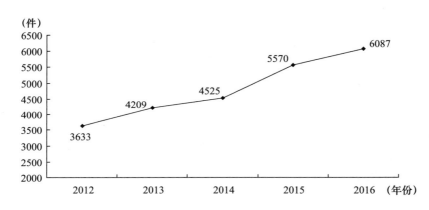

图16 2012～2016年特色产业基地软件著作权登记数增长趋势

案例34 基地自主创新能力持续增强

国家火炬昆明红外微光光电子特色产业基地鼓励骨干企业加大对新技术研发投入和成果转化，通过自主创新实现主导产品的升级。

案例34 基地自主创新能力持续增强

——国家火炬昆明红外微光光电子特色产业基地

国家火炬昆明红外微光光电子特色产业基地2016年基地内骨干企业研究开发经费投入1.9亿元，占销售收入6.8%，建成国内唯一一条具备批量生产多规格型号主动式OLED微型显示器的生产线。

（四）稳步推进科技成果转移转化

特色产业基地通过推动技术创新与合作交流，有效地促进科技成果转化为现实生产力。

案例35　建平台，促转化

国家火炬东海硅材料特色产业基地不断发挥硅材料产业对县域经济的支撑引领作用，规模优势不断凸显，同时加快先进技术和科技成果向企业转移和应用，产品在国内外市场已具有强劲的竞争实力和影响力。

案例35　建立产学研合作网络，提升协同创新水平
——国家火炬东海硅材料特色产业基地

近年来，基地内企业创新能力进一步增强。近年来，共组织实施各级科技计划项目70余项，其中国家火炬产业化项目7项、国家火炬环境建设项目2项、国家创新基金项目5项，省重大科技成果转化项目3项、科技攻关项目18项、科技成果转化风险补偿专项资金贷款34项等；新开发国家重点新产品1个、省重点新产品9个、省高新技术产品117个，取得专利授权1400余件，其中发明专利123件。目前，基地已实现大中型企业研发机构全覆盖及大中型高新技术企业省级以上研发机构全覆盖，同时以江苏省东海硅产业科技创新中心、国家硅材料产品检测中心、省石英材料工程中心、太平洋石英材料专业测试中心、省成果转化服务中心等为龙头的服务机构不断完善，推动了基地产业发展和技术进步。先后研发新工艺、新技术15项，新产品20余个，并实现产业化；提供产品检测服务近千余次（件）；发布科技信息1100条，引进成果100项，组织技术攻关、解决技术难题60项，转化先进技术80项。

案例36　积极推进科技成果转移转化

近年来，国家火炬吴中医药特色产业基地紧紧围绕市场需求，抢抓发展机遇，承担多项国家级科技项目和省级成果转化项目，取得了长足发展。

案例36　紧抓市场需求　助推科技成果转化

——国家火炬吴中医药特色产业基地

基地内企业先后承担了国家科技项目20余项，省科技项目超40项，现有在研项目100多项，所得各级资助超2亿元。基地内先后有江苏吴中医药集团承担了国家"863"、省成果转化专项项目"国家一类新药重组人血管内皮抑素注射液的临床研究及产业化"；苏州东瑞制药有限公司参加了科技部和卫生部国家"十一五"高血压综合防治研究项目"替米沙坦氨氯地平片为非肽类的血管紧张素Ⅱ受体拮抗剂（ARB）/钙拮抗剂（CCB）新型抗高血压复方组合制剂产品。"该项目是我国迄今为止最大的高血压综合性防治研究项目；苏州长征—欣凯制药有限公司的"来氟米特及片剂"承担了国家重大新药创制专项"化药大品种改造"专题项目；苏州天吉生物医药有限公司"胞二磷胆碱"承担了省科技成果转化项目。

案例37　整合各类科技资源，推进科技成果的产业化与商业化

国家火炬如东海上风电特色产业基地通过不断完善有利于基地科技创新发展的创新载体，引进高技术产业化项目，加强各类科技成果的转化与落地，带动基地海上风电高新技术和相关产品快速发展。

案例37　吸引高端创新技术项目，助推科技成果转化

——国家火炬如东海上风电特色产业基地

为更好地为基地企业提供科技服务，如东县建设了省级科技企业孵化器5家、省级公共技术服务平台2家、省产业技术创新战略联盟2家、省级企业工程技术研究中心40家、市级企业工程技术研究中心128家，本域电子商务平台、科技情报平台、产业研究成果转化平台、第三方电子检测平台、基金金融平台、人才培养平台等公共服务

平台 6 家，为基地企业自主创新能力的形成和掌握关键领域自主知识产权提供了坚实基础。目前，万人发明专利拥有量 9.75 件，专利授权量 2799 件。"十二五"期间，承担国家、省、市、科技计划各类项目 3000 余项，专利申请量 11099 余件、授权量 8920 余件，获得国家、省级科技进步奖 10 余项。

（五）强化知识产权保护及培育

知识产权保护对于促进科学技术进步、文化繁荣和经济发展具有重要的意义和作用，它既是保证经济正常运行的重要制度，也是开展科学技术、经济、文化交流与合作的基本环境和条件之一。

案例 38　取得多项自主知识产权明晰的科研成果

国家火炬昆明红外微光光电子特色产业基地科研单位围绕主导产业发展进行技术攻关，取得丰硕科研成果，推动基地创新发展。

案例 38　取得多项自主知识产权明晰的科研成果
——国家火炬昆明红外微光光电子特色产业基地

基地内的昆明物理研究所，在红外关键核心技术及其关键配套技术领域，已取得了 300 多项有重大影响的、自主知识产权明晰的科研成果，有 200 多项科研成果荣获国家和省部级科技成果奖，其中国家级奖项 16 项，II 类通用组件热像仪荣获省部级特等奖和国家科技进步一等奖。

案例 39　全面实施"知识产权的保护和培育"战略

国家火炬汕头澄海智能玩具创意设计与制造特色产业基地大力推进知识产权发展，制定了一系列政策措施，切实加强知识产权保护和培育工作。

案例39 实施创新驱动，提升自主创新能力
——国家火炬汕头澄海智能玩具创意设计与制造特色产业基地

基地所在地澄海区被中国轻工业联合会授予全国唯一的"中国玩具礼品城"，也是全国第一批"产业集群区域品牌建设试点单位"。基地先后与30多家高校建立产学研合作关系。75%以上的玩具骨干企业有自主的技术研发机构。全区玩具专利授权量18776件，全区专利申请量和授权量、省著名商标和省名牌产品约占全市的一半，玩具3C认证证书占全国同行业的1/3。2016年11月，中国汕头（玩具）知识产权快速维权中心落户澄海，全面实施"知识产权的保护和培育"工作，澄海区被认定为"全国科技进步先进区""全国科普示范区""国家知识产权强县工程试点区"。

（六）增加"双创"公共服务供给

特色产业基地通过举办或参加创新创业大赛、路演、培训等一系列活动，强化公共服务职能，引导社会参与，为创新人才和团队实现"创新创业"梦想营造了良好环境。

案例40 为创业创新人才提供支撑

案例40 厦门市为创业创新人才提供支撑

厦门特色基地充分发挥厦门对台优势，依托园区载体平台，出台配套扶持政策，实施两岸名校大学产学研合作，吸引了一大批台湾科技人员入驻基地，有力地推动了厦门引才工作的整体开展。如海沧区生物与新医药基地，对入选国家"千人计划"、厦门市"双百计划"的创新创业人才创办企业，给予5年内免租金扶持。

案例41 多措并举推动创新创业

国家火炬济南先进机电与装备特色产业基地组织中小微企业参与中国创新创业大赛的同时，积极推进济南市创办国家级创新创业城市，基地内创新创业成果突出。

案例 41 为创新创业提供支撑

2016 年，济南先进机电与装备制造特色产业基地组织部分中小微企业参加了中国创新创业大赛，基地有 3 家企业获得山东省级奖励。2016 年，济南市成为国家级创新创业示范城市，获得国家 3 年 9 亿元的双创示范城市发展资金，基地为此做出积极贡献。2016 年，基地内建有国家级科技企业孵化器 2 家，国家级众创空间 1 家，基地内众创空间和孵化器举办创新创业活动 74 场；组织人才培训和就业指导活动 7 次，新增就业 399 人。

案例42 承办创新创业大赛

以基地为依托，承办第五届中国创新创业大赛，推动"市场与技术对接"落地火炬基地；充分调动基地内骨干企业和科研院所参与大赛，吸引往届优秀参赛企业及团队代表来基地实地考察、调研、对接，并取得一系列丰硕成果。

案例 42 创新创业大赛成效显著

清远国家高新区以国家火炬清远高性能结构材料特色产业基地为依托，承办了第五届中国创新创业大赛——"市场与技术对接清远行"，推动中国创新创业大赛首次把"市场与技术对接"直接落地到火炬基地。组织 7 家新材料骨干企业、科研机构发布创新需求，吸引近 50 家第 1～5 届中国创新创业大赛新材料行业优秀参赛企业及团队代表与基地内骨干企业、科技平台、创投机构进行实地考察调研及"一对一"对接，并取得了一系列丰硕成果，达成了市场合作 8 项、技术合作 11 项、创业投资 2 项、签约落户 4 项。

五、创新机制促军民融合发展

军民融合发展已经上升为国家战略，国防科技工业又一次迎来释放潜能优势进而实现追赶超越的重大战略机遇。符合条件的基地把军民融合产业作为特色优势产业着力培育，通过加强与各军工集团公司战略合作、搭建基地园区平台、创新体制机制等措施，初步形成了以军带民、以民促军、军民融合的多元化、集群化发展格局，军民深度融合突破新发展，加快了军民融合产业的成长进程，谱写了军民融合产业新篇章。

（一）体制创新，促进军民融合发展

我国经济发展已进入新常态，一些长期积累的体制性障碍、结构性矛盾和政策性问题不断显现。加快军民融合发展，有利于整合利用好军地优势资源，促进经济发展从根本上实现由要素驱动、投资驱动向创新驱动的转变，为供给侧结构性改革提供有力支撑；有利于推动国防科技工业发挥综合优势和溢出效应，加快国防科技成果转化，加速海洋、太空、网络空间等军民融合新兴领域和新技术、新产业、新业态发展，不断培育经济发展新增长点，打造经济发展新引擎。

案例43　筹建航空军民融合示范产业园

国家火炬计划西安航空特色产业基地通过加强组织领导、创新体制机制等方式进一步促进军民融合产业的蓬勃发展。

案例43　创新体制机制新模式　助推基地产业发展

——国家火炬计划西安航空特色产业基地

2010年2月，西安航空基地被科技部批复为国家火炬计划西安航空特色产业基地，

在促进军民融合产业发展、创新体制机制方面成效显著。基地自成立以来，在上级领导的大力支持下，加快建设西安航空科技创新创业园，筹建西安航空军民融合示范产业园，加快航空科技成果转化和科技资源共享。加快科技成果转化和科技资源共享：一是支持"大众创业、万众创新"。二是支持金宇航空等入区企业深化与西工大、西安航空学院等产学研、教育培训机构合作，支持鑫垚陶瓷、四方超轻、博尔新材料等民营企业加快陶瓷基复合材料、镁锂合金材料、碳化硅材料产业化发展。三是将无人机产业列为"十三五"优先重点发展产业，积极打造无人机研发制造、运营服务、培训教育等产业板块，努力建设无人机产业基地。四是积极推进西安航空基地综合保税区申报，为推进航空产业国际合作创造条件。

（二）科技兴军，吹响时代新号角

加快建立军民融合创新体系，下更大力气推动科技兴军，坚持向科技创新要战斗力，为我军建设提供强大科技支撑。着眼全军建设，科学技术在强军征程中的重要作用，吹响科技兴军的时代号角。

案例 44　积极推动"民参军"

国家火炬丹阳高性能合金材料特色产业基地通过增强科技创新能力，实现军民融合产业的华丽蜕变。

案例 44　瞄准产业发展最前沿　谱写军民融合新篇章
——国家火炬丹阳高性能合金材料特色产业基地

丹阳高性能合金材料特色产业基地在军民融合产业发展方面成效显著。丹阳聚焦高温合金、碳纤维等新材料领域，实现了海洋工程用双骨架输送橡胶管材、第二代（透明）耐电晕绝缘材料、热塑性复合材料、航空航天用高强度铝合金板带材等 20 多项重大科技成果在丹阳成功地转化和产业化，通过加强基础研究和体系建设，积极发展军民共用特种新材料，加快技术双向转移转化，促进新材料产业军民融合发展。

案例 45　凸显军民融合示范效应

国家火炬株洲芦淞中小航空发动机特色产业基地通过增强科技创新能力研制航空航天制造先进设备，促进军民融合产业的快速发展。

案例 45　发挥军民融合示范作用　增添基地建设新亮点
——国家火炬株洲芦淞中小航空发动机特色产业基地

2008 年，以董家塅高科技工业园区为核心，以中国航发南方工业有限公司为龙头企业的航空产业基地（航空城）获批国家火炬株洲中小航空发动机特色产业基地。随后，基地先后被国家发改委和国家工信部授予"国家航空高技术产业基地"和"军民结合新型工业化产业示范基地"。近几年来，株洲已形成完备的中小型航空发动机研发生产体系，能够独立研制多型军民用涡轴、涡桨、中小型涡扇、涡喷发动机及燃气轮起动机等航空产品。除 331 厂和 608 所外，近年来，陆续建设了中航湖南通发、中航动力株洲零部件、中航动力精密铸造、加拿大普惠、山河科技、美国罗特威、翔为通航等航空产业项目。目前，已经初步形成"中小航空发动机制造＋通用飞机整机制造＋通用航空运营＋配套、衍生产业"的较为完备的航空全产业体系。

（三）打造平台，培养拓展新空间

平台是以建设军民融合共享经济创新创业服务生态系统为核心理念，专注于科技领域军民融合的成果转化、技术转移以及科技创新服务等内容。围绕军民两用技术发展所必须的智库、人才、成果转化等核心要素，开展军民融合的新局面。

案例 46　打造军民融合创新平台

国家火炬中山（临海）船舶制造与海洋工程特色产业基地通过建设科技成果转化创新平台和军民融合创新平台，加快军民融合产业的发展。

> **案例 46　打造创新平台加速产业发展**
>
> ——国家火炬中山（临海）船舶制造与海洋工程特色产业基地
>
> 　　国家火炬计划中山（临海）制造与海洋工程特色产业基地（以下简称基地）自成立以来，搭建了科技成果转化创新平台和军民融合创新平台。在搭建中科院科技成果转化创新平台方面：中科院中科奥辉分子荧光光谱仪项目已正式落户，中科富海大型低温制冷设备项目、中科赛凌中低温制冷设备项目、国科控股项目、中科极光项目及国科大产业园项目推进顺利。在搭建中航十二院军民融合创新平台方面：基地与中国航天十二院签订"航天中山翠亨军民融合技术转移中心"（暨中国航天系统科学与工程研究院一所中山翠亨分所）。

六、主动服务和融入国家发展战略

　　特色产业基地建设坚持"高起点规划、高标准建设"，围绕国家"一带一路"倡议及"精准扶贫"等战略，坚持"创新驱动"，强化创新要素聚集，大力培育新兴产业，激发新动能，助推区域经济发展。

（一）响应"一带一路"倡议促发展

　　"一带一路"倡议提出三年多以来，特色产业基地纷纷抢抓机遇，创新发展新思路，搭上"一带一路"的顺风车。据全国 412 家基地调查显示，有 133 家基地制定配合"一带一路"倡议推进特色产业国际化发展的措施，占基地总数的 32.3%。见图 17。

案例 47　融入"一带一路"促合作

　　国家火炬宁波电子信息产业基地在政府的支持下鼓励企业走出去发展，积极开拓海外市场。

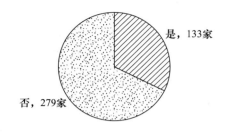

图17 基地是否制定配合"一带一路"倡议推进特色产业国际化发展的措施情况

案例47 抱团出海，共谋发展

——国家火炬宁波电子信息特色产业基地

借助"一带一路"东风，基地积极引领优势产业企业抱团开拓"一带一路"市场。近年来，基地每年安排专项资金，用于组织企业出国考察，鼓励区内主导产业领域的龙头企业牵头成立长江经济带企业"走出去"战略联盟，集聚产业资源，打破区域壁垒，带动整合资源"抱团出海"，共同开拓海外市场，通过海外并购、股权置换、服务贸易等方式实现对外扩张。与此同时，"政策＋信保"双管齐下。2016年，基地内45家外经企业获得扶持奖励资金逾500万元，资金扶持力度在全市居首位。

"一带一路"建设，翻开了我国全方位对外开放战略新篇章，为促进区域合作发展提供了宽广战略平台和难得发展机遇。

案例48 融入"一带一路"促转型

宝鸡高新区与各大投融资平台联合建设基础设施，谋求更多发展。

案例48 助推产业转型升级

——国家火炬宝鸡高新区石油钻采装备制造特色产业基地

宝鸡石油钻采装备产业链相对完整，目前石油装备制造行业的发展已步入低迷期，

但同时也是行业结构调整转型升级的机遇期，中国正在推进"一带一路"倡议，建设和亚洲互联互通，通过亚投行、丝路基金、中非基金等投融资平台，大力支持通信、电力、交通、能源等基础设施领域的项目建设。未来，随着页岩气、煤层气等开发的深入，煤浆管道的推广应用，管网建立仍具有广阔的市场前景。

案例 49　融入"一带一路"促发展

国家火炬襄阳节能电机与控制设备特色产业基地努力提高基地自身的科技含量，拿到多个"一带一路"国家订单。

案例 49　企业积极参与"一带一路"建设

——国家火炬襄阳节能电机与控制设备特色产业基地

截至 2016 年底，基地内有高新技术企业 24 家。已建立 12 个省级企业技术中心、3 个博士后工作站，参与 100 多项国家、行业标准的制定和修订，大中型电机的软起动项目在同领域中处于国内领先水平，主要技术指标达到国际领先水平，电机起动与控制产品已占到全国同类产品 70% 的市场份额。基地内企业大力电工襄阳股份有限公司更是把钒电池储能系统技术水平做到了全国前三，拿到多个"一带一路"国家订单。

案例 50　融入"一带一路"促转型

国家火炬襄阳汽车动力与部件产业基地受到"一带一路"高铁建设带动，实现了产业的转型升级。

案例 50　参与"一带一路"，助推企业发展

——国家火炬襄阳汽车动力与部件特色产业基地

金鹰重型工程机械有限公司是武汉铁路局下属的专业研制、生产铁路工程机械的国

国有装备制造企业。现有从业人员 2000 余人。年产轨道车辆、大型养路机械、电气化作业车辆、城市轨道交通工程车辆等各类铁路工程车辆 800 多台套，广泛适用于国铁、地方铁路、城市轨道交通及大型企业专用线的建设、运营和养护，并出口至美国、新西兰、马来西亚、巴西等 20 多个国家和中国台湾、中国香港地区。受国家"一带一路"倡议和各国高铁建设热潮的影响，工程机械、铁路装备等行业将迎来新一轮增长。铁路改革将进一步加快，铁路领域的混合所有制改革将迈出实质性步伐，将推动路内工业制造业转型升级，打破路用产品垄断。2016 年实现工业产值 26.19 亿元，同比增长 13.6%。

案例51 融入"一带一路"促开放

国家火炬茂名高新区石化特色产业基地的知名企业新建项目，打破我国异壬醇全依靠进口的局面，并建立了高端化、国际化的企业园区。

案例51 助推园区企业向高端化、国际化发展
——国家火炬茂名高新区石化特色产业基地

2016 年茂名市政府与德国巴伐利亚化学集群有限公司签署协议，以茂名高新区为起步区合作共建中德（茂名）精细化工园。近年来引进了德国巴斯夫、法国液化空气、日本坂田油墨等著名跨国企业。其中，茂名重力公司 30 万吨/年聚丙烯/聚乙烯环管反应器国内市场占有率在 95% 以上，远销"一带一路"上的十几个国家，成为我国环管反应器的技术中心和出口基地。茂名石化巴斯夫 18 万吨/年异壬醇项目，打破了我国异壬醇全依靠进口的局面，该企业也和基地内多家企业开展了项目合作，并带动基地其他企业与德国巴伐利亚化工集群开展项目合作，推动园区企业高端化、国际化发展。

案例52 融入"一带一路"促开放合作

国家火炬泉州微波通信特色产业基地加强与沿线国家的合作，实现了技术的高度融合。

案例 52 融入国家发展路线，加强与世界各国的合作

——国家火炬泉州微波通信特色产业基地

基地紧跟国家"一带一路"倡议，充分利用泉州地域优势和微波通信特色产业基础，整合国内外优势技术资源，明晰国际发展路线，加强与独联体、乌克兰、阿拉伯及东南亚等沿线国家的合作，开发北斗导航应用国际化项目，特别是在东南亚国家海洋、海事、船舶、通信等方面的北斗应用；基于互联网技术和微波通信与"数控一代"、"泉州制造 2025"的高度融合。

案例 53 融入"一带一路"促国际化

国家火炬焦作汽车零部件特色产业基地的中原内配集团紧抓"一带一路"发展机会，产品畅销世界各国。

案例 53 敏锐捕捉"一带一路"机遇，推动企业国际化发展进程

——国家火炬焦作汽车零部件特色产业基地

中原内配集团股份有限公司主营产品气缸套产销量全球第一，全面进入欧美高端市场。作为行业龙头企业，中原内配敏锐捕捉国家"一带一路"倡议的重大机遇，一是面向东盟，实施品牌带动战略，依托中原内配气缸套的品牌市场影响力，积极带动零部件的组件销售国际化，2016 年同比增长 40.8%；二是依托欧洲、俄罗斯子公司，积极拓展"一带一路"沿线辐射，上半年开发新产品同比增长 42%；三是推进欧、亚技术合作和合资合作，分别与德国、印度等国家展开不同层次的合作；四是搭乘"中欧班列"，产品送达欧洲客户的时间由过去的 45 天缩短至 15 天，2016 年相继成功开发了英国捷豹路虎、德国大众、戴姆勒、芬兰爱科、欧洲尼马克、葡萄牙通用电气、欧洲沃尔沃、欧洲马勒等新市场，同时进入俄罗斯、乌克兰、土耳其、哈萨克斯坦、伊朗和东南亚市场，欧洲市场销量实现翻番。

（二）推动民族地区发展特色产业

《国务院关于印发"十三五"促进民族地区和人口较少民族发展规划的通知》（国发〔2016〕79号）要求：培育壮大特色优势产业。积极发展新能源、新材料、高端装备制造、生物、新一代信息技术、节能环保等战略性新兴产业。支持民族地区国家高新技术产业、火炬特色产业基地建设。民族地区建设国家火炬特色产业基地得到高度重视。截至2016年，在民族地区共建有国家火炬特色产业基地13家，集聚企业613家，其中高新技术企业100家，国内上市企业35家，营业收入超10亿元的企业28家；工业总产值达到3238.5亿元，总收入3139.9亿元，实际上缴税费423.4亿元。见表23。

表23　2012～2016年民族地区基地发展情况

年份	企业总数（家）	其中高新技术企业数（家）	从业人员数（人）	创新载体（家）	科技服务机构（家）	资金总投入（亿元）	专利授权数（件）	工业总产值（亿元）	总收入（亿元）	上缴税费（亿元）
2012	230	46	201482	60	19	46.2	392	2363.6	2362.0	293.2
2016	613	100	242584	130	99	1103.8	1778	3238.5	3139.9	423.4

案例54　以技术创新推进产业结构优化升级

国家火炬呼和浩特托克托生物发酵特色产业基地结合农业产业结构调整和农业产业化发展，通过开发新产品逐步向成品药发展，促进产业转型升级；不断改进发酵工艺技术，基本形成具有鲜明特色和核心竞争力的生物制药产业集群。

案例54　创新驱动主导产业发展
——国家火炬呼和浩特托克托生物发酵特色产业基地

基地结合农业产业结构调整和农业产业化发展，已经形成"玉米—淀粉—原料药—成品药"产业链，生产的主要产品有青霉素、金霉素、黄霉素、盐霉素等20多个品种，其中辅酶Q10的供应量占全球供应量的70%，出口量占全国的75%；阿莫西林（青霉素的一种）占全国产量的10%，出口量占全国的10%。为了提高发酵技术水平，近几年来，不断改进发酵工艺技术，提高发酵效率，基本形成具有鲜明特色和核心竞争力的生物制药产业集群。2016年，实现工业总产值241.09亿元、工业增加值27.3亿元、销售产值222.9亿元、销售收入151.9亿元、税金2.9亿元、利润总额9.49亿元。

案例 55　继续推进产品技术创新，成果丰硕

2016 年，广西着力构建促进高新技术产业集群发展的产业环境，以完善创新创业服务体系、搭建创新平台、集聚创新要素为重点，提升相关产业核心竞争力。火炬特色产业基地成为集成优势资源、发展特色高新技术产业和区域优势产业的重要载体。

案例 55　通过创新提升产业核心竞争力

——国家火炬玉林内燃机特色产业基地

国家火炬玉林内燃机特色产业基地卡车动力国五产品销量和份额实现恢复性双增长，全年销量达 16 万台，同比增长超 16%；牵引车与全系列载货车快速增长，销售占比提高至 75%，实现了从工程自卸车市场向物流车市场的成功转型；轻卡动力 4S 和 4FA 两款机型同比增长 75%；推出我国卡车史上最大马力、最大扭矩、最大排量的高端卡车动力 6K，销量同比增长 1017.9%。客车动力板块积极应对新能源动力和高铁的强势冲击，在传统动力市场以 65% 的高份额继续位居行业第一；新能源动力系统取得突破性进展，混合动力专用发动机份额同比提高 8%。船舶动力总销量首次跃升国内行业首位。

案例 56　推进产学研合作，发展民族特色产业

国家火炬黔东南州苗侗医药特色产业基地规划了"一圈多点、集群发展"的产业格局，着力建设苗侗医药特色产业发展支撑体系。

案例 56　打造苗侗医药新高地

——国家火炬黔东南州苗侗医药特色产业基地

基地注重加强创新平台建设，先后建设了黔东南州民族医药研究院制剂中心、西南地区药用植物种苗繁育国家地方联合工程研究中心、贵州省中药材种子种苗工程研究中心、贵州省现代农业（中药材）产业技术体系"黔东南综合试验站"、黔东南苗药综合利用工程技术中心等9个平台。积极推进产学研合作，基地骨干企业分别与浙江大学、四川大学、南京农业大学、上海中医药大学等一批高校和科研院所开展合作，共同组建科技创新人才团队和产业技术创新战略联盟。截至目前，基地已形成1个医药工业产园、5个药材人工种植园的基本格局。建设期内，共培养民族医药专业技术人才370余人，培育省级医药人才团队2个，引进贵州省"十百千"人才"十"层次1人，聚集医药企业总数共115家，年产值规模超过30亿元。

（三）助力产业升级和"精准扶贫"

着力培育壮大特色产业，不断增强"造血"功能是开展产业扶贫、落实精准扶贫的重要举措。

案例57 借光脱贫，基地助力精准扶贫

单县紧紧抓住国家和山东省光伏扶贫政策机遇，大力推进村级光伏电站建设，逐步实现"借光脱贫"。

案例57 发展产业，"借光脱贫"
——国家火炬单县光伏光热特色产业基地

自扶贫攻坚战打响以来，单县紧紧抓住国家和山东省光伏扶贫政策机遇，以国家火炬单县光伏光热特色产业基地为载体，以"村村有集体光伏电站、村村有集体收入、保障两万人脱贫"为目标，大力推进村级光伏电站建设，利用480万元省光伏扶贫专项基金作为贷款风险担保金，投入银行放大10倍至4800万元使用，规划建设160个村级光伏电站。光伏电站将优先安排集体经济薄弱村，尤其是集体经济"空壳村"，助力发展村集体经济。目前，单县县委确定的160个拟筹建光伏发电项目村中，有年初确定的55个"空壳村"中的22个，有目前仍未"脱壳"的31个村中的15个。项目全部建成后可帮助2560户、6400名贫困群众实现"借光脱贫"。

案例 58　响应国家号召，实现精准脱贫

国家火炬辽宁万家数字技术特色产业基地开展精准扶贫工作，将筹集的资金全部用于脱贫项目建设，真正实现精准脱贫。

案例 58　投资建设项目，真正帮助贫困村脱贫

——国家火炬辽宁（万家）数字技术特色产业基地

万家基地积极响应国家号召，大力开展精准扶贫脱贫工作。2016 年底，万家基地有 20 多个部门联合帮扶企业与绥中县大王庙镇等 5 个乡镇、20 多个村结成帮扶对子，筹集帮扶物资资金共计 50 多万元，实地调查帮扶贫困村情况，将资金用于扶贫脱贫项目建设上，真正帮助贫困村精准扶贫脱贫。

（四）借力特色小镇构筑发展新平台

为适应与引领经济新常态，国家在 2016 年 2 月初提出"加快培育中小城市和特色小城镇"的发展战略。特色小城镇一直被视为推进供给侧结构性改革的重要平台、引领中国新型城镇化的特色担当。2017 年的政府工作报告，更是首次提及特色小城镇，要求"优化区域发展格局，支持中小城市和特色小城镇发展"。全面启动建设一批产业特色鲜明、人文气息浓厚、生态环境优美、兼具旅游与社区功能的特色小镇，是加快区域创新发展的战略选择，也是推进供给侧结构性改革和新型城市化的有效路径，有利于加快高端要素集聚、产业转型升级和历史文化传承，推动经济平稳健康发展和城乡统筹发展。

案例 59　以业兴城，推动产城一体化

国家火炬敦化中药特色产业基地在建设敖东医药工业园的基础上，投资 15 亿元建设中科紫鑫健康小镇，进一步促进敦化市经济社会发展。

案例59 建设特色小镇，促进经济发展

——国家火炬敦化中药特色产业基地

基地2016年实现工业总产值66.5亿元，占全市工业总产值的33%；缴税4.5亿元，占地方财政收入的21.6%，有效促进了敦化市经济社会发展。现已建设完成教东医药工业园一期工程，吸引了中医药产业相关企业10余家，延伸并完善了中医药产业链。在此基础上，投资15亿元建设中科紫鑫健康小镇，投资12亿元建设华康医药工业园，投资10亿元建设亚泰医药工业园等项目，以园区建设为契机，为全市经济发展做出更大的贡献。

案例60 破除不足，优化生产力布局

国家火炬诸暨环保装备特色产业基地紧抓特色小镇建设契机，不断突破行业关键技术，改善基地现存的环保产业升级缓、产城融合度低、服务支撑能级弱等问题。

案例60 紧抓特色小镇建设契机，突破基地发展制约条件

——国家火炬诸暨环保装备特色产业基地

在新业态下，诸暨环保装备基地以"浙江省环保特色小镇"建设为契机，聚龙头育集群、探索基地发展机制，突破行业关键技术，为园区企业提供标准制修订、人才培养、检测分析、新技术推广、环保技术咨询等多项服务，改善现有环保产业升级缓、产城融合度低、服务支撑能级弱等发展制约因素，推动创新链、产业链、服务链联动发展，打造国际化环保产业基地。

案例61 产城结合，促进产业结构调整

国家火炬佛山自动化机械及设备特色产业基地以建设文化智能小镇为核心，完善基地配套，为基地发展第三产业提供支撑。

案例61　加快发展第三产业，完善现有产业结构

——国家火炬佛山自动化机械及设备特色产业基地

基地常住人口的不断增加，为基地快速发展第三产业提供了最重要的市场支撑，同时也对基地的配套环境提出了更高的要求。基地以打造"广府小镇"为切入点，加快第三产业快速发展，以建设广府文化智能小镇为核心，抓紧推动大旗头古村广府文化体验基地项目的建设，争取一批文化教育、金融服务、休闲娱乐等项目落户，完善基地配套。

案例62　科学规划，符合创业生态规律

秀洲区政府充分发挥政府宏观引导和协调作用，推出多项产业发展意见和政策，形成全区上下共同推动国家火炬计划秀洲新能源特色产业基地发展的良好局面。

案例62　小镇助力基地发展，政府引导，规划先行

——国家火炬计划秀洲新能源特色产业基地

秀洲光伏小镇为基地的发展注入了更强动力，秀洲区政府在产业基地建设过程中，充分发挥了政府宏观引导和协调作用。在发展总体规划上，确定了新能源产业的发展原则及以光伏太阳能产业为重点发展领域。先后出台了《关于印发秀洲区2017年推进光伏发电应用工作实施意见的通知》《关于进一步加快光伏产业发展的若干意见》和《秀洲区科技银行支持科技型中小企业发展实施办法（试行）》等多项政策文件，助推产业、企业"双线"发展。在政策环境方面，制定出台了一系列优惠政策，营造了局部优化的环境；同时，成立了由政府相关部门组成的产业基地领导小组，形成全区上下共同推动产业基地发展的良好局面。

七、基地效率效益得以提升

（一）2016 年指标前十位排名

2016 年，413 家特色产业基地中总收入位于前 3 位的分别为国家火炬顺德家用电器特色产业基地、国家火炬吴江（盛泽）新兴纺织纤维及面料特色产业基地、国家火炬克拉玛依高新区石油石化特色产业基地，总收入分别达到 2256.3 亿元、2090.8 亿元、1883.1 亿元。2016 年总收入前十名基地名单见表 24。

表 24　2016 年特色产业基地总收入前十名基地

序号	省份	产业基地名称	总收入（亿元）
1	广东	国家火炬顺德家用电器特色产业基地	2256.3
2	江苏	国家火炬吴江（盛泽）新兴纺织纤维及面料特色产业基地	2090.8
3	新疆	国家火炬克拉玛依高新区石油石化特色产业基地	1883.1
4	广东	国家火炬惠州智能视听特色产业基地	1722.5
5	广东	国家火炬广州花都汽车及零部件特色产业基地	1470.2
6	吉林	国家火炬通化生物医药特色产业基地	1130.1
7	江苏	国家火炬计划南京雨花现代通信软件特色产业基地	1113.1
8	山东	国家火炬东营铜冶炼与铜材深加工特色产业基地	1045.1
9	上海	国家火炬上海安亭汽车零部件特色产业基地	1013.8
10	广东	国家火炬佛山自动化机械及设备特色产业基地	965.0

注：表中统计基础为 2016 年 413 家基地数据。

2016 年，工业总产值位居前 3 位的特色产业基地分别为国家火炬计划重庆渝北汽车摩托车制造及现代服务特色产业基地、国家火炬顺德家用电器特色产业基地、国家火炬克拉玛依高新区石油石化特色产业基地，总产值分别达到 3339.9 亿元、2287.4 亿元、1847.6 亿元。2016 年工业总产值前十名基地名单见表 25。

表 25　2016 年特色产业基地工业总产值前十名基地

序号	所在地	产业基地名称	工业总产值（亿元）
1	重庆	国家火炬计划重庆渝北汽车摩托车制造及现代服务特色产业基地	3339.9
2	广东	国家火炬顺德家用电器特色产业基地	2287.4
3	新疆	国家火炬克拉玛依高新区石油石化特色产业基地	1847.6
4	广东	国家火炬惠州智能视听特色产业基地	1710.2
5	广东	国家火炬广州花都汽车及零部件特色产业基地	1496.8
6	吉林	国家火炬通化生物医药特色产业基地	1222.2
7	江苏	国家火炬计划南京雨花现代通信软件特色产业基地	1133.4
8	广东	国家火炬中山日用电器特色产业基地	1055.8
9	山东	国家火炬东营铜冶炼与铜材深加工特色产业基地	1047.3
10	湖南	国家火炬浏阳生物医药特色产业基地	1003.2

注：表中统计基础为 2016 年 413 家基地数据。

2016 年，上缴税额位于前 3 位的特色产业基地分别为国家火炬克拉玛依高新区石油石化特色产业基地、国家火炬顺德家用电器特色产业基地、国家火炬岳阳精细化工（石油）特色产业基地，上缴税额分别为 297.4 亿元、163.4 亿元、142.2 亿元。2016 年上缴税额前十名基地名单见表 26。

表 26　2016 年特色产业基地缴税额前十名基地

序号	所在地	产业基地名称	上缴税额（亿元）
1	新疆	国家火炬克拉玛依高新区石油石化特色产业基地	297.4
2	广东	国家火炬顺德家用电器特色产业基地	163.4
3	湖南	国家火炬岳阳精细化工（石油）特色产业基地	142.2
4	黑龙江	国家火炬大庆高新区石油化工产业基地	127.9
5	广东	国家火炬广州花都汽车及零部件特色产业基地	124.5
6	浙江	国家火炬上虞精细化工特色产业基地	108.8
7	新疆	国家火炬乌鲁木齐米东石油化工和煤化工特色产业基地	96.2
8	江苏	国家火炬常州轨道交通车辆及部件特色产业基地	89.5
9	江苏	国家火炬江宁智能电网特色产业基地	87.5
10	陕西	国家火炬计划西安航空特色产业基地	83.4

注：表中统计基础为 2016 年 413 家基地数据。

2016 年，实现净利润位于前 3 位的特色产业基地分别为国家火炬克拉玛依高新区石油石化特色产业基地、国家火炬计划南京雨花现代通信软件特色产业基地、国家火炬广州花都汽车及零部件特色产业基地，净利润分别为 402.3 亿元、115.0 亿元、108.3 亿元。2016 年净利润前十名基地名单见表 27。

表 27　2016 年特色产业基地实现净利润前十名基地

序号	所在地	产业基地名称	净利润（亿元）
1	新疆	国家火炬克拉玛依高新区石油石化特色产业基地	402.3
2	江苏	国家火炬计划南京雨花现代通信软件特色产业基地	115.0
3	广东	国家火炬广州花都汽车及零部件特色产业基地	108.3
4	上海	国家火炬上海安亭汽车零部件特色产业基地	88.8
5	广东	国家火炬佛山自动化机械及设备特色产业基地	83.9
6	广东	国家火炬顺德家用电器特色产业基地	80.9
7	浙江	国家火炬上虞精细化工特色产业基地	80.4
8	吉林	国家火炬通化生物医药特色产业基地	78.8
9	山东	国家火炬潍坊高新区动力机械特色产业基地	78.6
10	江苏	国家火炬江阴高新区特钢新材料及其制品特色产业基地	78.4

注：表中统计基础为 2016 年 413 家基地数据。

2016 年，出口创汇位于前 3 位的特色产业基地分别为国家火炬惠州智能视听特色产业基地、国家火炬江阴高新区特钢新材料及其制品特色产业基地、国家火炬顺德家用电器特色产业基地，出口创汇额分别为 191.3 亿美元、99.1 亿美元、92.5 亿美元。2016 年出口创汇前十名基地名单见表 28。

表 28　2016 年特色产业基地出口创汇前十名基地

序号	所在地	产业基地名称	出口创汇额（亿美元）
1	广东	国家火炬惠州智能视听特色产业基地	191.3
2	江苏	国家火炬江阴高新区特钢新材料及其制品特色产业基地	99.1
3	广东	国家火炬顺德家用电器特色产业基地	92.5
4	广东	国家火炬中山日用电器特色产业基地	42.8
5	江苏	国家火炬泰州医药特色产业基地	30.1
6	江苏	国家火炬泰州新技术船舶特色产业基地	29.1

序号	所在地	产业基地名称	出口创汇额（亿美元）
7	广东	国家火炬惠州 LED 特色产业基地	28.9
8	江苏	国家火炬如东生命安防用品特色产业基地	27.4
9	江苏	国家火炬常熟汽车零部件特色产业基地	24.3
10	湖南	国家火炬浏阳生物医药特色产业基地	21.9

注：表中统计基础为 2016 年 413 家基地数据。

（二）2012～2016 年年均复合增长率前十位排名

经统计，2012～2016 年，299 家特色产业基地中总收入年均增长速度最快的前 3 家基地为国家火炬计划西青信息安全特色产业基地、国家火炬南京建邺移动互联特色产业基地、国家火炬廊坊大数据特色产业基地，年均复合增长率分别为 67.5%、62.3%、59.0%。2012～2016 年 299 家基地总收入年均复合增长率前十名基地名单见表 29。

表 29　2012～2016 年特色产业基地总收入年均复合增长率前十名

序号	所在地	产业基地名称	年均复合增长率（%）
1	天津	国家火炬计划西青信息安全特色产业基地	67.5
2	江苏	国家火炬南京建邺移动互联特色产业基地	62.3
3	河北	国家火炬廊坊大数据特色产业基地	59.0
4	江苏	国家火炬昆山机器人特色产业基地	53.9
5	山东	国家火炬济南生物工程与新医药特色产业基地	49.3
6	江苏	国家火炬南京化工新材料特色产业基地	43.6
7	天津	国家火炬天津京滨石油装备特色产业基地	42.6
8	上海	国家火炬上海南汇医疗器械特色产业基地	41.9
9	山东	国家火炬诸城汽车及零部件特色产业基地	40.3
10	辽宁	国家火炬计划朝阳新能源电器特色产业基地	39.5

注：表中统计基础为 2012～2016 年可比数据（299 家基地）。

经统计，2012～2016 年 299 家特色产业基地中工业总产值年平均增长速度最快的前 3 家基地为国家火炬计划西青信息安全特色产业基地、国家火炬济南生物工程与新医药特色产业基地、国家火炬廊坊大数据特色产业基地，年均复合增长率分别为 80.6%、68.8%、

57.1%。2012～2016 年，基地工业总产值年均复合增长率前十名基地名单见表 30。

表 30　2012～2016 年特色产业基地工业总产值年均复合增长率前十名

序号	所在地	产业基地名称	年均复合增长率（%）
1	天津	国家火炬计划西青信息安全特色产业基地	80.6
2	山东	国家火炬济南生物工程与新医药特色产业基地	68.8
3	河北	国家火炬廊坊大数据特色产业基地	57.1
4	江苏	国家火炬昆山机器人特色产业基地	49.9
5	江苏	国家火炬南京化工新材料特色产业基地	42.8
6	辽宁	国家火炬计划朝阳新能源电器特色产业基地	37.8
7	江苏	国家火炬张家港锂电特色产业基地	37.3
8	山东	国家火炬诸城汽车及零部件特色产业基地	37.0
9	江苏	国家火炬响水盐化工特色产业基地	35.5
10	湖南	国家火炬株洲荷塘硬质合金特色产业基地	34.9

注：表中统计基础为 2012～2016 年可比数据（299 家基地）。

经统计，2012～2016 年，299 家特色产业基地中上缴税额年均增长速度最快的前 3 家为国家火炬岳阳精细化工（石油）特色产业基地、国家火炬临安电线电缆特色产业基地、国家火炬邗江数控金属板材加工设备特色产业基地，年均复合增长率分别为 118.4%、96.9%、87.8%。2012～2016 年，299 家特色产业基地上缴税额年均复合增长率前十名基地见表 31。

表 31　2012～2016 年特色产业基地缴税额年均复合增长率前十名

序号	所在地	产业基地名称	年均复合增长率（%）
1	湖南	国家火炬岳阳精细化工（石油）特色产业基地	118.4
2	浙江	国家火炬临安电线电缆特色产业基地	96.9
3	江苏	国家火炬邗江数控金属板材加工设备特色产业基地	87.8
4	陕西	国家火炬计划西安航空特色产业基地	83.2
5	吉林	国家火炬吉林电力电子特色产业基地	80.3
6	江苏	国家火炬昆山高端装备制造产业基地	77.6
7	江苏	国家火炬昆山机器人特色产业基地	76.4
8	江苏	国家火炬如皋输变电装备特色产业基地	75.5
9	江苏	国家火炬邗江硫资源利用装备特色产业基地	74.5
10	江苏	国家火炬徐州经开区新能源特色产业基地	74.3

注：表中统计基础为 2012～2016 年可比数据（299 家基地）。

经统计，2012～2016 年，299 家特色产业基地中净利润年均增长速度最快的前 3 家为国家火炬寿光卤水综合利用特色产业基地、国家火炬昆山机器人特色产业基地、国家火炬计划武汉阳逻钢结构特色产业基地，年均复合增长率分别为 217.3%、135.7%、131.6%。2012～2016 年基地净利润年均复合增长率前十名基地见表32。

表32　2012～2016 年特色产业基地净利润年均复合增长率前十名

序号	所在地	产业基地名称	年均复合增长率（%）
1	山东	国家火炬寿光卤水综合利用特色产业基地	217.3
2	江苏	国家火炬昆山机器人特色产业基地	135.7
3	湖北	国家火炬计划武汉阳逻钢结构特色产业基地	131.6
4	江苏	国家火炬滨海高分子材料特色产业基地	120.6
5	浙江	国家火炬海宁软磁材料特色产业基地	106.5
6	安徽	国家火炬博望高端数控机床及刃模具特色产业基地	105.9
7	江苏	国家火炬无锡惠山风电关键零部件特色产业基地	93.3
8	天津	国家火炬天津中北汽车特色产业基地	90.0
9	湖南	国家火炬岳阳精细化工（石油）特色产业基地	86.6
10	天津	国家火炬计划西青信息安全特色产业基地	84.0

注：表中统计基础为 2012～2016 年可比数据（299 家基地）。

经统计，2012～2016 年，299 家特色产业基地中出口创汇额年均增长速度最快的前 3 家基地为国家火炬应城精细化工新材料特色产业基地、国家火炬计划西青信息安全特色产业基地、国家火炬衢州经开区空气动力机械特色产业基地，年均复合增长率分别为 1247.8%、220.7%、127.3%。2012～2016 年，299 家特色产业基地中出口创汇年均复合增长率前十名基地见表33。

另外，国家火炬上海张堰新材料深加工特色产业基地、国家火炬武汉青山环保特色产业基地、国家火炬哈尔滨香坊发电设备特色产业基地等基地企业在最近几年中实现了出口创汇零的突破。

表 33　2012~2016 年特色产业基地出口创汇额年均复合增长率前十名

序号	所在地	产业基地名称	年均复合增长率（%）
1	湖北	国家火炬应城精细化工新材料特色产业基地	1247.8
2	天津	国家火炬计划西青信息安全特色产业基地	220.7
3	浙江	国家火炬衢州经开区空气动力机械特色产业基地	127.3
4	河南	国家火炬濮阳生物化工特色产业基地	125.6
5	山西	国家火炬大同医药材料特色产业基地	121.6
6	江苏	国家火炬昆山高端装备制造产业基地	112.2
7	福建	国家火炬莆田液晶显示特色产业基地	111.0
8	河北	国家火炬邯郸新型功能材料特色产业基地	104.8
9	山东	国家火炬寿光卤水综合利用特色产业基地	100.2
10	江苏	国家火炬汾湖超高速节能电梯特色产业基地	86.4

注：表中统计基础为 2012~2016 年可比数据（299 家基地）。

经统计，2012~2016 年，299 家特色产业基地中企业总数年均增长速度最快的前 3 家基地为国家火炬济南新型功能材料特色产业基地、国家火炬武清新金属材料特色产业基地、国家火炬计划东丽节能装备特色产业基地，年均复合增长率分别为 137.4%、80.5%、78.4%。基地企业总数年均复合增长率前十名基地见表 34。

表 34　2012~2016 年特色产业基地企业总数年均复合增长率前十名

序号	所在地	产业基地名称	年均复合增长率（%）
1	山东	国家火炬济南新型功能材料特色产业基地	137.4
2	天津	国家火炬武清新金属材料特色产业基地	80.5
3	天津	国家火炬计划东丽节能装备特色产业基地	78.4
4	湖北	国家火炬十堰汽车关键零部件特色产业基地	61.5
5	浙江	国家火炬东阳磁性材料特色产业基地	61.3
6	辽宁	国家火炬计划阜新液压装备特色产业基地	52.6
7	上海	国家火炬上海南汇医疗器械特色产业基地	51.8
8	湖北	国家火炬谷城节能与环保特色产业基地	50.0
9	天津	国家火炬计划西青信息安全特色产业基地	49.5
10	河北	国家火炬计划大城保温建材特色产业基地	47.6

注：表中统计基础为 2012~2016 年可比数据（299 家基地）。

第三部分　县域基地发展

县域经济是国民经济的重要基础，提升经济发展质量效益、改革优化供给结构、构筑创新发展长远优势，活力在县域。特色产业具有较强的市场竞争力和产业带动能力，最能体现出县域的经济特色，是县域经济的重要依托。实践表明，特色产业基地建设是扶植县域重点产业和加快县域经济发展的重要平台。当前我国处于经济结构转型升级，实现新旧动能接续转换、扩大就业、经济提质增效、保持"双中高"的发展新阶段，基础在县域、活力在县域、难点也在县域。创新火炬是融通县域科技经济，打通科技创新与经济社会发展"最后一公里"通道的重要品牌。

2016 年，414 家特色产业基地中 251 家是县域基地，占基地总数的 60.6%。根据 2012～2016 年连续上报的 299 家特色产业基地统计，其中有 174 家基地属于县域基地，占连续 5 年上报基地总数的 58.2%。统计数据显示，县域特色产业基地发展状况良好。火炬特色产业基地作为一面旗帜，将"创新火炬"品牌牢牢根植于基层，成为推动县市科技工作与经济发展深度融合的抓手。

案例63　为区域经济发展注入动力

国家火炬乐清智能电器特色产业基地已成为国内生产智能电器厂家最集中、智能电器品种最齐全、产能较大的地区。产业基地在推动电器产业的集群、提高产业技术水平、促进地方经济发展和产业结构调整等方面发挥了重要作用，已经成为乐清经济持续发展的助推器，成为促进科技与经济结合、加快科技成果转化、推动产业技术创新的重要区块。

案例 63　特色产业基地实现工业产值占乐清市工业总产值的 63.5%

——国家火炬乐清智能电器特色产业基地

乐清智能电器特色产业基地的建立，为乐清市相关企业和经济发展注入了强大动力。2016 年，乐清拥有各类电器及配套生产企业 9000 多家，实现工业产值 1170 亿元，较上年增长 5.4%，占乐清市工业总产值的 63.5%，是温台地区首个千亿级产业集群。

一、县域基地的区域分布情况

按东部、中部、西部和东北地区分布，县域基地主要集中在东部地区。截至 2016 年，东部地区基地数量为 188 家，占基地总数的 74.9%；中部地区基地数量为 30 家，占基地总数的 12.0%；西部地区基地数量为 18 家，占基地总数的 7.2%；东北地区基地数量为 15 家，占基地总数的 6.0%。见表 35、表 36、表 37、表 38、图 18。

表 35　县域特色产业基地在东部地区各省市的分布情况汇总　　　　单位：家

省（自治区、直辖市、计划单列市）	基地数量	省（自治区、直辖市、计划单列市）	基地数量
江苏	81	河北	5
浙江	37	福建	5
山东	31	宁波	5
广东	17	上海	2
天津	5		
小计	171	小计	17
合计：188			

表 36　县域特色产业基地在中部地区各省市的分布情况汇总　　　　单位：家

省（自治区、直辖市、计划单列市）	基地数量	省（自治区、直辖市、计划单列市）	基地数量
安徽	7	山西	4

续表

省（自治区、直辖市、计划单列市）	基地数量	省（自治区、直辖市、计划单列市）	基地数量
湖北	7	湖南	4
河南	6	江西	2
小计	**20**	小计	**10**
	合计：30		

表 37　县域特色产业基地在西部地区各省市的分布情况汇总　　　　单位：家

省（自治区、直辖市、计划单列市）	基地数量	省（自治区、直辖市、计划单列市）	基地数量
云南	4	陕西	2
贵州	3	宁夏	2
内蒙古	2	甘肃	2
重庆	2	新疆	1
小计	**11**	小计	**7**
	合计：18		

表 38　县域特色产业基地在东北地区各省市的分布情况汇总　　　　单位：家

省（自治区、直辖市、计划单列市）	基地数量	省（自治区、直辖市、计划单列市）	基地数量
辽宁	7	吉林	3
黑龙江	5		
小计	**12**	小计	**3**
	合计：15		

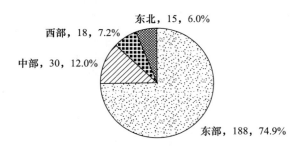

图 18　全国 251 个县域基地在全国的分布情况

东部、中部、西部差距仍较明显。通过县域基地数量对比，基地建设集中分布在东部沿海城市，各省市基地数量差距仍较明显。基地数量排名前三的江苏、浙江、山东三省的基地数量分别为 81 家、37 家、31 家，分别占基地总数的 32.3%、14.7%、12.3%；中部地区安徽、湖北、湖南超过 6 家（含 6 家）；东北地区辽宁、黑龙江超过 5 家（包含 5 家）；西部地区基地数量均未超过 5 家。见表 39。

表 39　251 家县域特色产业基地在全国各省市的分布情况汇总　　　　　单位：家

省（自治区、直辖市、计划单列市）	基地数量	省（自治区、直辖市、计划单列市）	基地数量
江苏	81	云南	4
浙江	37	山西	4
山东	31	河南	4
广东	17	吉林	3
辽宁	7	贵州	3
湖北	7	重庆	2
安徽	7	上海	2
湖南	6	陕西	2
天津	5	宁夏	2
宁波	5	内蒙古	2
黑龙江	5	江西	2
河北	5	甘肃	2
福建	5	新疆	1
小计	**218**	**小计**	**33**
合计：251			

省市基地建设数量仍存在差距。截至 2016 年底，江苏省的特色产业基地数量几乎是位居第二名的浙江省的 2 倍多，是位居第三名的山东省的近 3 倍。江苏省特色产业基地的数量比第二名、第三名的总和还多。图 19 清晰地表现了特色产业基地在各省份的分布排序情况。

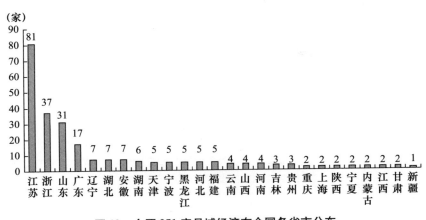

图 19　全国 251 家县域经济在全国各省市分布

　　从分布范围看，特色产业基地的分布与经济发展基础密切相关，各区域的经济发展状况有所差别，特色产业基地的发展情况也就有所不同。从东部、中部、西部的分布来看，东部地区的特色产业基地分布比较密集，基地总数几乎为中部、西部以及东北地区基地总数的 3 倍多。

　　东部地区基地企业数量及发展总量远高于中西部和东北地区。2016 年，特色产业基地内企业总数为 99899 家，东部地区有 89710 家，占到基地总数的 89.8%，其中高新技术企业 4837 家，国内上市企业 413 家，境外上市企业 70 家，营业收入超 10 亿元企业有 865 家，技术开发和技术服务型企业 1436 家，分别占总数的 80.9%、76.2%、86.4%、81.0% 和 80.4%。见表 40。

表 40　2016 年 251 家县域特色产业基地企业分布情况　　单位：家

企业分布	东部	东部占比（%）	中部	中部占比（%）	西部	西部占比（%）	东北	东北占比（%）	合计
基地内企业数	89710	89.8	5351	5.4	2966	3.0	1872	1.9	99899
其中：高新技术企业	4837	80.9	573	9.6	427	7.1	143	2.4	5980
国内上市企业	413	76.2	78	14.4	34	6.3	17	3.1	542
境外上市企业	70	86.4	11	13.6	0	0.0	0	0.0	81
营业收入超 10 亿元企业	865	81.0	138	12.9	46	4.3	19	1.8	1068
技术开发和技术服务型企业	1436	80.4	194	10.9	133	7.4	24	1.3	1787

　　2016 年特色产业基地的经济发展情况总体良好，但经济总量仍存在较大差距。对 2016 年 251 家县域特色产业基地经济指标进行统计显示，东部、中部、西部及东北地区工业总产值分别为 47499.8 亿元、7361.0 亿元、6420.5 亿元和 1180.6 亿元，分别为特色产业基地工业总产值的 76%、11.8%、10.3% 和 18.9%，东部地区特色产业基地经济发展总量明显高于中部、西部及东北地区。具体情况详见表 41。

表 41　2016 年县域特色产业基地经济发展指标　　单位：亿元，亿美元

经济发展指标	东部	东部占比（%）	中部	中部占比（%）	西部	西部占比（%）	东北	东北占比（%）	合计
工业总产值	47499.8	76.0	7361.0	11.8	6420.5	10.3	1180.6	18.9	62461.9
其中：骨干企业产值	25580.6	74.6	3525.7	10.3	4472.9	13.0	706.0	2.1	34285.2
总收入	47337.3	80.7	6827.3	11.6	3319.9	5.7	1174.1	2.0	58658.7
技术性收入	1016.2	1.9	6094.0	11.5	2812.9	5.3	996.6	1.9	52815.3
出口创汇额	940.7	92.5	50.8	5	17.8	1.7	7.8	0.8	1017.1
上交税额	2610.0	79.6	341.6	0.4	248.0	7.6	78.3	2.4	3277.9
净利润	3138.0	86.9	324.7	9.0	112.5	3.1	37.1	1.0	3612.4

二、县域基地发展基本情况

2012～2016 年，174 家基地经济发展指标中工业总产值、总收入、净利润及出口创汇平均增速低于 299 家基地，上缴税金平均增速高于 299 家基地，特色产业基地建设对推动县域经济发展作用更加突出。

（1）工业总产值。2012～2016 年，174 家基地工业总产值由 2012 年的 38228.2 亿元增长至 2016 年的 49954.4 亿元，占 299 家基地工业总产值的比例基本在 59.4% 左右。工业总产值年均复合增速为 6.9%，比 299 家基地年均复合增速 7.1% 低 0.2 个百分点。见表 42。

表 42　2012～2016 年县域特色产业基地实现工业总产值情况

	2012 年	2013 年	2014 年	2015 年	2016 年	年均复合增速（%）
299 家基地工业总产值（亿元）	63941.0	74117.5	77471.4	80196.2	84039.4	7.1
174 家县域基地工业总产值（亿元）	38228.2	43955.3	45520.0	47388.1	49954.4	6.9
县域基地占比（%）	59.8	59.3	58.8	59.1	59.4	—

注：表中统计基础为 2012～2016 年可比数据（299 家），其中 174 家为县域基地。

（2）总收入。2012～2016 年，174 家基地总收入由 2012 年的 37277.8 亿元增长至 2016 年的 44679.8 亿元，占 299 家基地总收入的比例基本在 56% 左右。总收入平均复合增速为 4.6%，比 299 家基地平均增速低 1.3 个百分点。见表 43。

表 43　2012～2016 年县域特色产业基地实现总收入情况

	2012 年	2013 年	2014 年	2015 年	2016 年	年均复合增速（%）
299 家基地总收入（亿元）	63419.8	68790.1	73981.2	76458.1	79842.8	5.9
174 家县域基地总收入（亿元）	37277.8	38817.2	41493.0	42584.8	44679.8	4.6
县域基地占比（%）	58.8	56.4	56.1	55.7	56.0	—

注：表中统计基础为 2012～2016 年可比数据（299 家），其中 174 家为县域基地。

（3）净利润。2012～2016 年，174 家基地净利润由 2012 年的 2531.8 亿元增长至 2016 年的 2781.0 亿元，占 299 家基地净利润的比例基本在 54% 左右浮动。净利润年均复合增速为 2.4%，比 299 家基地年均复合增速低 1.0 个百分点。见表 44。

表 44　2012～2016 年县域特色产业基地净利润情况

	2012 年	2013 年	2014 年	2015 年	2016 年	年均复合增速（%）
299 家基地净利润（亿元）	4554.5	5060.7	5105.1	5189.2	5199.2	3.4
174 家县域基地净利润（亿元）	2531.8	2746.4	2593.9	2828.4	2781.0	2.4
县域基地占比（%）	55.6	54.3	50.8	54.5	53.5	—

注：表中统计基础为 2012～2016 年可比数据（299 家），其中 174 家为县域基地。

（4）上缴税金。2012～2016 年，174 家基地上缴税金由 2012 年的 1943.8 亿元增长至 2016 年的 2592.9 亿元，占 299 家基地上缴税金的比例由 53.5% 上升至 57.5%，提升了 4 个百分点。上缴税金年均复合增速为 7.5%，比 299 家基地年均复合增速高 1.9 个百分点。见表 45。

表 45　2012～2016 年县域特色产业基地上缴税金情况

	2012 年	2013 年	2014 年	2015 年	2016 年	年均复合增速（%）
299 家基地上缴税金（亿元）	3631.9	3994.0	4409.7	4206.1	4512.6	5.6
174 家县域基地上缴税金（亿元）	1943.8	2045.3	2351.8	2318.9	2592.9	7.5
县域基地占比（%）	53.5	51.2	53.3	55.1	57.5	—

注：表中统计基础为 2012～2016 年可比数据（299 家），其中 174 家为县域基地。

（5）出口创汇。2012～2016 年，174 家基地出口创汇额由 2012 年的 659.3 亿美元减至 2016 年的 637.0 亿美元，减少了 3.4%，年均复合增速为 -0.9%，比 299 家基地年均复合增速低 1.8 个百分点；所占 299 家基地出口创汇额的比例由 53.8% 降至 50.3%，下降了 3.5 个百分点。见表 46。

表46 2012～2016年县域特色产业基地出口创汇情况

	2012年	2013年	2014年	2015年	2016年	年均复合增速（%）
299家基地出口创汇（亿美元）	1224.4	1356.9	1467.0	1437.4	1267.2	0.9
174家县域基地出口创汇（亿美元）	659.3	667.0	710.1	691.8	637.0	-0.9
县域基地占比（%）	53.8	49.2	48.4	48.1	50.3	—

注：表中统计基础为2012～2016年可比数据（299家），其中174家为县域基地。

三、成为县域经济转型升级的新动能

近年来，特色产业基地在引导地方发展高新技术产业、培育区域经济发展新动能、完善和延伸特色产业发展全链条、促进产业结构优化升级等方面的成效已显现。实践表明，特色产业基地建设是扶植县域重点产业和加快县域经济发展的重要平台。

（一）县域基地总体发展情况

1. 推动县域经济总量保持平稳增长

2016年，全国范围内县域特色产业基地发展到251家。根据火炬统计数据（下同），基地实现工业总产值62461.9亿元，占全国特色产业基地的61.0%；基地实现总收入58658.7亿元，占全国特色产业基地的58.7%；实现净利润3612.4亿元，占全国特色产业基地的56.1%；出口创汇1017.1亿美元，占全国特色产业基地的59.1%。数据显示，特色产业基地经济总量在平稳增长的过程中县域经济发挥了重要的作用。

2. 五年来，县域基地发展趋势良好

随着特色产业基地数量和经济总量的快速增长，特色产业基地在地方经济发展中的引领作用日益突出，成为县域特色优势产业集聚的重要载体以及推动县域经济增长的重要引擎。据五年连续上报的可比数据分析显示，2016年174家县域特色产业基地实现工业总产值49954.4亿元、总收入44679.8亿元、出口创汇额637.0亿美元、上缴税额2592.9亿元、净利润2781.0亿元，比2012年分别增长30.7%、19.9%、-3.4%、33.4%、

9.8%，上缴税额增幅较大。见表 47。

表 47　2012～2016 年 174 家县域特色产业基地经济发展汇总

年　份	工业总产值 （亿元）	总收入 （亿元）	出口创汇额 （亿美元）	上缴税额 （亿元）	净利润 （亿元）
2012	38228.2	37277.8	659.3	1943.8	2531.8
2013	43955.3	38817.2	667.0	2045.3	2746.4
2014	45520.0	41493.0	710.1	2351.8	2593.9
2015	47388.1	42584.8	691.8	2318.9	2828.4
2016	49954.4	44679.8	637.0	2592.9	2781.0
2012～2016 年增长率（%）	30.7	19.9	-3.4	33.4	9.8
2012～2016 年复合增长率（%）	6.9	4.6	-0.9	7.5	2.4

注：表中统计基础为 2012～2016 年可比数据（299 家），其中 174 家为县域基地。

3. 产业分布

（1）县域基地在重点领域的分布。截至 2016 年底，251 家基地中，先进制造与自动化基地 101 家，占基地总量的 40.2%；新材料基地 73 家，占基地总量的 29.1%；生物与新医药基地 30 家，占基地总量的 12.0%。先进制造与自动化、新材料及生物与新医药基地数量占比特色产业基地总量的 81.3%，县域特色产业基地中占比八成以上的主导产业集中在这三大领域。各领域分布情况见图 20。

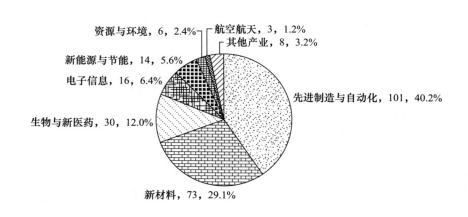

图 20　县域基地在产业重点分布领域情况

（2）基地企业在重点领域的分布。2016年，251家基地特色产业基地入驻企业共99899家，其业务领域分别属于或服务于五个重点领域，其中先进制造与自动化38796家、新材料22333家、生物与新医药3935家、电子信息3439家、新能源与节能1016家，分别占基地企业数的38.8%、22.4%、3.9%、3.4%、1.0%。具体企业类型见表48。

表48　251家县域特色产业基地各领域内各类企业分布情况　　　　　　单位：家

各类企业分布	先进制造与自动化	新材料	生物与新医药	电子信息	新能源与节能	资源与环境	航空航天	其他产业	合计
基地内企业数	38796	22333	3935	3439	1016	1978	903	27499	99899
各领域基地企业数占比（%）	38.8	22.4	3.9	3.4	1.0	2.0	0.9	27.5	100.0
其中：高新技术企业	2980	1777	397	311	149	155	78	133	5980
国内上市企业	194	210	65	26	17	13	6	11	542
境外上市企业	26	24	8	8	6	3	0	6	81
营业收入超10亿元企业	470	354	95	84	14	22	4	25	1068
技术开发和技术服务型企业	982	309	215	148	40	14	60	19	1787

2016年，251家县域特色产业基地先进制造与自动化工业总产值28785.8亿元、新材料19718.6亿元、生物与新医药5732.3亿元、电子信息2912.2亿元、新能源1511.8亿元，具体重点领域经济发展情况见表49。

表49　2016年251家县域特色产业基地重点领域经济发展指标

产业领域	先进制造与自动化	新材料	生物与新医药	电子信息	新能源与节能	其他产业	资源与环境	航空航天	合计
工业总产值（亿元）	28785.8	19718.6	5732.3	2912.2	1511.8	1610.2	505.0	1686.0	62461.9
各领域工业总产值占比（%）	41.1	28.4	11.4	9.0	4.6	2.7	2.3	0.5	100.0
其中：骨干企业产值（亿元）	16420.1	9661.8	2984.0	1700.2	1068.0	1159.1	128.4	1163.7	34285.2
总收入（亿元）	24702.9	20923.0	5194.2	2744.9	1484.2	1513.6	493.3	1602.7	58658.7
技术性收入（亿元）	536.1	549.6	35.7	88.4	18.6	9.6	0.0	7.1	1245.1
出口总额（亿美元）	440.6	352.5	65.6	73.9	21.7	20.8	1.4	40.6	1017.1
上缴税额（亿元）	1280.5	1221.0	240.5	203.1	100.5	99.9	87.9	44.6	3277.9
净利润（亿元）	1463.6	1197.9	353.1	209.4	114.7	128.0	24.8	120.9	3612.4

（二）县域基地建设推动企业聚集

1. 县域基地内企业加快聚集

统计数据显示，2016 年县域特色产业基地内共集聚 99899 家企业，其中高新技术企业 5980 家，国内上市企业 542 家，境外上市企业 81 家。

2. 形成大中小企业协同发展的局面

特色产业基地充分发挥龙头带动作用，依托骨干企业，促进上下游企业加快集聚，形成了骨干企业"顶天立地"、中小企业"铺天盖地"的蓬勃发展态势。2016 年数据显示，174 家基地内的企业数为 78189 家，其中，高新技术企业 4944 家，国内上市企业 394 家，境外上市企业 75 家。数据显示，2016 年基地企业数量有 10.0% 的增幅，基地企业创新能力和质量有了较大的提高，例如基地内高新技术企业数和上市企业数分别比 2012 年增加 50.0%、86.1%。见表 50。

表 50　2012 ~ 2016 年 174 家县域特色产业基地企业汇总　　　　　　单位：家

年　份	2012	2013	2014	2015	2016
企业总数	60882	67365	73643	71088	78189
其中：高新技术企业	3296	3819	4114	4492	4944
国内上市企业	193	209	242	310	394
境外上市企业	59	56	62	83	75

注：表中统计基础为 2012 ~ 2016 年可比数据（299 家），其中 174 家为县域基地。

（三）推动县域科技服务能力及平台建设

1. 县域科技服务能力得以提升

2016 年，251 家基地内共有从业人员 731.2 万人，占 413 家基地从业人员总数的 65.5%，其中，大专学历以上人员 184.9 万人。在这部分人员中，有博士 10214 人，硕士 51205 人。共有国家工程技术中心和国家工程研究中心 179 个，省级企业技术中心 2263 个，市级企业技术中心 47607 个，企业博士后工作站 577 个；拥有服务机构 2091 家，其中国家级孵化器 172 家，国家级生产力促进中心 56 个。有效地促进了基地科技创新和科技成果转化工作，特色产业基地已成为推动区域创新创业的重要载体。

案例64 支持和鼓励企业积极建设研发机构

国家火炬海门化工和生物医药材料特色产业基地支持和鼓励企业积极建设研发机构，提高企业技术创新能力。

案例64 加强技术创新体系建设

—— 国家火炬海门化工和生物医药材料特色产业基地

基地鼓励和引导企业建设各种类型和层次的研发机构，推动骨干企业与高校院所联合建立研发机构或设立其研发分支机构和成果转化基地。基地内拥有南通市级企业工程技术研究中心46家，省级工程技术研究中心16家，省企业院士工作站4家，外资研发机构2家，国家级孵化器1家，省级孵化器1家，省级众创空间1家，市级众创空间3家。基地内企业达到90家，其中骨干企业24家，占基地企业总量的26.67%，高新技术企业22家，占总量的24.44%。2016年基地实现工业总产值301.81亿元，同比增长6.0%。

案例65 搭建基地科技服务支撑

国家火炬永嘉系统流程泵阀特色产业基地通过集聚各方资源和力量，大力推进公共服务平台建设，为技术开发、人才培养、成果转化提供了技术支撑。

案例65 特色产业基地创新发展的技术支撑

—— 国家火炬永嘉系统流程泵阀特色产业基地

基地内建立了人才培训、技术创新、产品检测、标准制定、品牌培育等公共服务平台。近年来，相继建成了兰州理工大学温州泵阀工程研究院、科技企业孵化器、兰州理工大学温州研究生分院及省级泵阀质检中心，特别是2013年底，阀门质检中心顺

利通过了国家质检总局的专家组验收，成为国家级的质检中心。作为一个县级地区成功创建国家级的质检中心，在全省乃至全国都十分罕见。市、县政府累计投入 3000 多万元与兰州理工大学共建温州泵阀研究院。目前，该研究院常驻人员 35 人，建立了阀门研究室、水泵研究室、人才培训中心、成果转移中心，并开设了本科班，创办了研究生分院，为泵阀产业的技术开发、人才培养、成果转化提供了技术支撑。

案例 66 完善基地科技服务体系

科技服务系统的功能日益完善，为国家火炬济阳升降作业装备特色产业基地集群企业的发展提供全面的技术、管理、政策咨询以及各类科技创新人才的支持。

案例 66 完善的服务系统进一步保障了基地发展
——国家火炬济阳升降作业装备特色产业基地

目前，基地内已经建立了比较完善的科技服务系统，其功能日益完善，比如，山东济阳生产力促进中心、济南高新技术创业服务中心、济南市知识产权局所设专利预警分析机构、人才交流中心、职业介绍中心、网络信息平台、高等职业教育基地等。完善的科技服务机构为整个基地集群企业的发展提供了全面的技术、管理、政策咨询、各类科技创新人才的支持。截至 2016 年底，"国家火炬济阳升降作业装备特色产业基地"已落户企业 226 家，其中高新技术企业 15 家，骨干企业 16 家，上市企业 3 家，技术开发和技术服务型企业 45 家。2016 年基地实现销售收入 63.48 亿元，同比增长 10%；出口创汇 7605 万美元，同比增长 14.43%；缴纳税额 2.85 亿元，同比增长 9.44%；实现利润 4.02 亿元，同比增长 7.2%。

2. 营造有利于产业发展的创新环境

特色产业基地积极营造良好的创新创业环境，加速推动科技创新创业，支撑特色产业转型升级。截至 2016 年，174 家基地共有国家工程技术中心 97 个、国家工程研究中心 52 个、省级企业技术中心 1836 个、市级企业技术中心 3883 个、企业博士后工作站 474 个、产品检验检测平台 330 个，分别比 2012 年增长了 11.5%、57.6%、53%、59.8%、83.7%、27.9%。基地内服务机构 1280 个，比 2012 年增长了 4.9%，其中国家级孵化器 117 个，国家级生产力促进中心 38 个，国家技术转移机构 37 个，技术担保机构 158 个，比 2012 年增长了 35.0%，行业组织 247 个，比 2012 年增长了 8.3%。增幅比较大的是市级企业技术中心、企业博士后工作站、孵化器、技术转移机构和技术担保机构。数据显示，特色产业基地创新创业环境进一步优化，见表 51、表 52、表 53。

表 51　2012～2016 年 174 家县域特色产业基地研发机构汇总　　　　单位：个

年　份	2012	2013	2014	2015	2016
国家工程技术中心	87	91	95	99	97
国家工程研究中心	33	45	36	43	52
省级企业技术中心	1200	1372	1543	1671	1836
市级企业技术中心	2430	3020	3331	3500	3883
企业博士后工作站	258	369	422	449	474
产品检测检验平台	258	276	299	326	330

注：表中统计基础为 2012～2016 年连续上报 299 家基地的可比数据，其中 174 家为县域基地。

表 52　2012～2016 年 174 家县域特色产业基地服务机构汇总　　　　单位：个

年　份	2012	2013	2014	2015	2016
基地内服务机构	1220	1189	1220	1285	1280
其中：技术担保机构	117	126	160	149	158
行业组织	228	200	206	215	247

注：表中统计基础为 2012～2016 年连续上报 299 家基地的可比数据，其中 174 家为县域基地。

表 53　2016 年 174 家县域特色产业基地国家级服务机构情况　　　　单位：个

类别	国家级孵化器	国家级生产力促进中心	国家技术转移机构
数量	117	38	37

（四）促进县域提升自主创新能力

1. 加快各类创新资源的聚集

特色产业基地的建设有效集聚了各类创新资源，不断激发了企业创新热情，提高了企业自主创新能力。2016 年，251 家县域基地内企业的研发总投入为 1410.2 亿元，占 413 家基地研发总投入的 54.4%；申请国内专利 178049 件，其中申请发明专利 43617 件，实用新型专利 72918 件，分别占 413 家基地专利申请数的 56.9%、48.3%、55.3%；企业获得专利授权 98402 件，其中发明专利授权 12258 件；申请国外专利 1046 件，软件著作权登记 1955 件。2016 年，251 家县域基地共获得 331 项国家级科技项目立项支持，其中国家科技重大专项项目 61 项。详细情况见表 54。

表 54 　251 家县域基地申请专利及专利授权情况 　　　　　　单位：件

	251 家县域基地	413 家基地	251 家基地知识产权占比（%）
申请国内专利	178049	312887	56.9
其中：发明专利	43617	90249	48.3
实用新型专利	72918	131950	55.3
申请国外专利	1046	2406	43.5
软件著作权登记	1955	9590	20.4
专利授权	98402	166503	59.1
其中：发明专利授权	12258	26716	45.9

2. 提升了企业技术创新能力

特色产业基地不断积聚创新要素，支持、引导和促进企业成为技术创新的主体。2016 年，174 家特色产业基地内企业承担的国家级科技项目 231 项，其中，国家科技重大专项 44 项。企业研发投入约占企业总收入的 1.4%，基地整体创新能力不断增强。2016 年，基地国内专利申请数达到 14.9 万项，其中发明专利 3.5 万项，实用型专利 5.9 万项；国外专利申请数达 791 项；当年专利授权数达 8.2 万项，其中发明专利授权数 1.0 万项，比 2012 年均有较大的增幅。见表 55、表 56。

表 55　2012～2016 年 174 家县域特色产业基地企业研发投入汇总　　　单位：亿元

年 份	2012	2013	2014	2015	2016
企业研发投入	1119. 2	1198. 7	1151. 3	1049. 9	1122. 2

注：表中统计基础为 2012～2016 年连续上报 299 家基地的可比数据，其中 174 家为县域基地。

表 56　2012～2016 年 174 家县域特色产业基地专利申请及授权数　　　单位：件

年 份	2012	2013	2014	2015	2016
申请国外专利数	396	454	376	732	791
申请国内专利数	100029	139052	124769	130139	149161
其中：发明专利	19391	26365	28315	30989	35134
实用新型专利	35544	45823	47646	51312	58611
专利授权	63451	69728	70534	76549	81592
其中：发明专利授权	4816	6423	6406	8262	10051

注：表中统计基础为 2012～2016 年连续上报 299 家基地的可比数据，其中 174 家为县域基地。

3. 促进大批人才向特色产业基地集聚

特色产业基地建设集聚了大批创新创业人才，截至 2016 年，174 家基地从业人员总数为 536.5 万人，研发人员总数为 48.3 万人，博士数量达到 0.7 万人，基地从业人员总数、研发人员总数比 2012 年分别增长 6.0%、15.9%。人才的集聚为地方产业发展提供了关键支撑。见表 57。

表 57　2012～2016 年 174 家县域特色产业基地从业人员汇总

年 份	2012	2013	2014	2015	2016
企业人员总数（万人）	506. 3	505. 1	538. 8	525. 7	536. 5
企业研究开发人员（万人）	41. 7	43. 6	45. 8	47. 0	48. 3
大专及以上学历人数（万人）	129. 4	129. 7	137. 5	139. 6	143. 0
大专及以上学历人员占比	25. 6	25. 7	25. 5	26. 6	26. 7
硕士学历人员占大专及以上人员比例（%）	2. 1	2. 3	2. 4	2. 5	2. 5
博士学历人员占大专及以上人员比例（%）	0. 5	0. 5	0. 5	0. 6	0. 5

注：表中统计基础为 2012～2016 年连续上报 299 家基地可比数据，其中 174 家为县域基地。

四、县域经济发展实力逐年增强

通过对 174 家基地主要经济指标进行对比分析，2012～2016 年，特色产业基地经济实力呈现逐年增长，稳步提升势头。2016 年，174 家基地的工业总产值、总收入、出口创汇额、上缴税额、净利润分别达到 49954.4 亿元、44679.8 亿元、637.0 亿美元、2592.9 亿元、2781.0 亿元，较 2012 年分别增长了 30.7%、19.9%、-3.4%、33.4%、9.8%。复合增长率（年平均增速）分别达到 6.9%、4.6%、-0.9%、7.5%、2.4%。见表58。

表58　2012～2016 年特色产业基地经济发展汇总

年　份	工业总产值（亿元）	总收入（亿元）	出口创汇额（亿美元）	上缴税额（亿元）	净利润（亿元）
2012	38228.2	37277.8	659.3	1943.8	2531.8
2013	43955.3	38817.2	667.0	2045.3	2746.4
2014	45520.0	41493.0	710.1	2351.8	2593.9
2015	47388.1	42584.8	691.8	2318.9	2828.4
2016	49954.4	44679.8	637.0	2592.9	2781.0
2012～2016 年增长率（%）	30.7	19.9	-3.4	33.4	9.8
2012～2016 年复合增长率（%）	6.9	4.6	-0.9	7.5	2.4

特色产业基地坚持依靠科技创新引领和带动区域特色产业优化升级及产业结构调整，积极推动特色产业发展成为当地的支柱产业或主导产业，成为县域发展的新亮点及新动能。

（一）立足产业创新，助推产业升级

加快产业链建设，是培育和发展战略性新兴产业，构建特色鲜明、优势突出的产业体系，推进经济结构调整和产业转型升级的重要举措。

案例 67　围绕自身产业发展特色，大力创新

国家火炬临沂沂水功能性生物糖特色产业基地围绕自身产业发展特色，大力创新，实现基地的规模和产值快速增长。

案例 67　产业基地发展的重要支撑

——国家火炬临沂沂水功能性生物糖特色产业基地

2016 年沂水县火炬基地依靠科技创新，调整优化产业结构，大力培育发展高新技术产业，各项经济指标不断攀升，有力地推动了经济社会持续健康发展。2016 年，基地实现工业总产值 104 亿元，其中骨干企业产值 80.7 亿元；总收入 96.1 亿元，出口创汇 0.70 亿元。基地内拥有国家级企业技术中心 2 家，省级企业技术中心 9 家，市级企业技术中心 33 家，博士后工作站 3 家，带动基地内企业承担各级科技计划项目 12 项。各级科技创新平台的建设为产业基地的发展提供了重要的技术支撑，产业技术水平不断提升。基地经济占当地经济总量的比重不断增大，已成为区域经济发展的重要支柱，带动了区域社会的和谐发展。

（二）树立标杆企业，打造行业巨人

案例 68　市场占有率过半，成为行业标杆

国家火炬北仑注塑机特色产业基地以产业集群发展为基础，以资本和科技为驱动，整合各类要素支持注塑机及相关零配件行业的产业化和规模化，促进了北仑注塑机特色块状经济质量、效益提升和可持续发展能力，成为行业巨人。

案例 68　发展龙头企业，巩固国际地位

——国家火炬北仑注塑机特色产业基地

2016 年宁波市注塑机销售额占全国的 60% 以上，北仑则是宁波注塑机行业发展的

龙头，占全市塑料机行业完成工业销售产值的93%。2016 年，基地实现工业产值149 亿元，其中骨干企业产值达到113.8 亿元，占基地总产值的76.3%。主营业务收入131 亿元，主导产业国内市场占有率达55%，实现出口创汇6.91 亿元，利税16.04 亿元，进一步巩固了其国际重要的注塑机生产制造基地的地位。

案例69 "标杆企业"带动区域发展

国家火炬常熟生物医药特色产业基地树立了一批"标杆企业"，带动了中小型企业发展，更进一步地促进了区域经济发展。

案例69 打造市场"单打冠军"
——国家火炬常熟生物医药特色产业基地

基地以康诺医疗、华益科技、费森尤斯为重点的新型医疗器械产业快速增长。华益科技PET 显影剂销售从2014 年的超5000 万元增长到超亿元。主导产品苦黄注射液、天佛参口服液等国内市场占有率达到100%，美洛西林纳等国内市场占有率达70%，硫辛酸产品在国际市场占有率超过40%，为世界单打冠军。

（三）提升品质根基，铸就基地品牌

基地大力推进质量强区，积极创建全国知名品牌示范区，加大标准化战略实施力度，打造具备鲜明主导产业特色和产业结构特点的"标准联盟"；内抓产品质量，外树产品形象，加快转变产品优势为品牌优势，扩大品牌效应，增强市场辐射力与产业集聚力，提高主导产业的知名度和美誉度。

案例70 发挥品牌效应，促进基地发展

国家火炬博望高端数控机床及刃模具特色产业基地采用"互联网＋"的形式，线上线下同时铸就产品品牌，促进了基地的发展。

案例70　提升企业水平的同时充分发挥品牌效应

——国家火炬博望高端数控机床及刃模具特色产业基地

基地鼓励企业主动融合"互联网＋"，推行线上线下有机结合，提高生产和管理水平，提升企业技术研发、市场营销能力，逐步实现生产经营的信息化和现代化；通过各种宣传媒介、机床暨刃模具博览会等方式，加大宣传推介力度，树立良好的区域品牌和集群品牌形象。与2012年获批时相比，基地的经济规模、高新技术产品销售收入等指标均大幅提高。基地项目承载能力得到进一步提升，主导产业企业数由654家增加至768家，其中规模以上企业由107家增加至160家。四年来，共签约招商引资主导产业项目185个。

五、创新驱动县域特色产业升级

案例71　创新驱动促产业升级

国家火炬上虞精细化工特色产业基地注重企业自主创新能力的提升，重点扶持高新技术企业的持续、健康发展，从而带动产业升级、区域经济发展。

案例71　创新带动高新技术产业发展

——国家火炬上虞精细化工特色产业基地

基地十分注重以企业为核心的创新驱动机制的建设和企业自主创新创业能力的提升。一年来，新认定国家重点扶持高新技术企业8家，省科技型企业24家。至今，基

地累计有国家火炬计划重点高新企业 14 家、国家重点扶持高新技术企业 45 家、省科技型企业 72 家、省创新型试点示范企业 3 家，绍兴市高新技术企业 16 家、绍兴市创新型试点示范企业 19 家。高新技术企业的培育和发展，有力地推进了基地高新技术产业的持续、健康发展。2016 年基地高新技术产业销售收入 606.71 亿元，比 2015 年增长 10.12%，占上虞工业规模以上企业高新技术产业总收入的 64% 以上。

案例72 创新驱动促县域基地发展

兴化特种合金材料及制品基地依靠科技创新，大力培育发展高新技术产业，各项经济指标不断攀升，有力地推动了经济社会持续健康发展。

案例72 科技创新助推基地跨越发展
——国家火炬兴化特种合金材料及制品特色产业基地

2016 年基地累计培育高新技术企业 43 家、江苏省创新型企业 6 家、江苏省民营科技型企业 173 家、泰州市级中小科技型企业 30 家。依托自主创新，基地内企业累计开发国家重点新产品 5 项、省重点新产品 7 项、省高新技术产品 113 项。另外，基地累计组织实施省级以上科技计划项目 53 项。2016 年基地实现产值 822 亿元，技工贸总收入 812 亿元，利税 109 亿元；基地共有从事特种合金材料及制品生产、制造和加工企业 1200 多家，从业人员 8.5 万余人，年销售超 5000 万元的企业 102 家，超亿元的企业 50 家，产品涵盖 40 多个系列，1 万多个品种，较为广泛地服务于汽车、石油石化、轻工、建筑、机电、医药、包装、印刷等 20 多个行业。

第四部分 管理推动工作

2016年，在科技部领导下，火炬中心进一步加大组织、协调、推进和管理力度，促进全国特色产业基地建设和发展。

一、组织培训工作

为加快实施创新驱动发展战略，全面贯彻落实国务院关于推进"大众创业、万众创新"的战略部署，进一步加强国家火炬特色产业基地建设工作，提升基地创新能力，发挥主导产业对县域经济和行业发展的引领、带动作用，促进县域经济创新发展，2016年，火炬中心联合湖南省科技厅、内蒙古科技厅分别在长沙市和呼和浩特市举办"2016年国家火炬特色产业基地相关工作培训班"，同时，配合江苏省科技厅开展了对该省内基地的培训会议。2016年培训的突出特点是直接面向火炬基地日常管理机构负责人，且培训课程涉及高新技术企业认定、科技成果转化、科技服务体系建设、专利保护等有利于基地建设和发展的内容，三次培训共有400多名代表参加，基本是对特色产业基地的全覆盖。

生产力促进中心作为国家创新体系的重要组成部分，依靠政府、面向企业，组织社会科技力量，为企业服务、为区域的技术创新服务，促进科技成果向现实生产力转化，从而提高社会生产力水平，使经济发展保持旺盛的活力。截至目前，全国生产力促进中心已经有2600多家，其中国家级示范生产力促进中心247家、特色产业基地455家。为促进生产力中心更好地服务区域创新工作，火炬中心分两批在新疆和广州开展了国家级示范生产力促进中心主任培训班，共计有近 150 家国家示范生产力促进中心领导参加了培训。两次培训会主要围绕支撑产业发展的科技服务体系、创新集群建设、促进科技金融结合的实践与探索、中国孵化器发展及"十三五"展望、生产力促进中心统计等专题进行。

二、考察并核定 30 家新的特色产业基地

为支持和推动地方特色产业发展，火炬中心组织开展了两批特色产业基地评审工作，组织专家组对江苏、青岛、浙江、安徽、山东、广东、四川、贵州等省（市）科技厅（委）推荐的特色产业基地进行了考察，核定了 30 家基地为国家特色产业基地，国家特色产业基地数量在 2015 年的 391 家（注：国家火炬计划佛山精密制造产业基地等 7 家被取消了资格）的基础上增加到 414 家。见表 59、表 60。

表 59　2016 年第一批特色产业基地

序号	基地名称	地区
1	国家火炬鄂尔多斯汽车及关键零部件特色产业基地	内蒙古
2	国家火炬江阴高新区现代中药配方颗粒特色产业基地	江苏
3	国家火炬盐都涂装设备特色产业基地	江苏
4	国家火炬滕州玻璃精深加工特色产业基地	山东
5	国家火炬威海环翠区交通及配套装备特色产业基地	山东
6	国家火炬济南临港智能机械装备特色产业基地	山东
7	国家火炬津市生物酶制剂及应用特色产业基地	湖南
8	国家火炬玉林内燃机特色产业基地	广西
9	国家火炬铜仁市锰产业特色产业基地	贵州
10	国家火炬大连甘井子区智能化成形和加工成套设备特色产业基地	大连

表60　2016年第二批特色产业基地

序号	基地名称	所在省市
1	国家火炬江宁未来网络特色产业基地	江苏
2	国家火炬江宁节能环保技术与装备特色产业基地	
3	国家火炬盐都齿轮制造特色产业基地	
4	国家火炬大丰海上风电装备特色产业基地	
5	国家火炬如东海上风电特色产业基地	
6	国家火炬南湖压缩机精密制造特色产业基地	浙江
7	国家火炬衢江特种纸特色产业基地	
8	国家火炬平阳印刷包装装备特色产业基地	
9	国家火炬临沂高新区电子元器件特色产业基地	山东
10	国家火炬平阴金属管路连接件特色产业基地	
11	国家火炬费县木基复合材料特色产业基地	
12	国家火炬烟台经济技术开发区生物与新医药特色产业基地	
13	国家火炬梁山专用汽车特色产业基地	
14	国家火炬临颍农产品精深加工特色产业基地	河南
15	国家火炬昆明红外微光特色产业基地	云南
16	国家火炬昆明稀贵金属新材料特色产业基地	
17	国家火炬玉溪高新区生物医药特色产业基地	
18	国家火炬文山三七特色产业基地	
19	国家火炬保山硅材料特色产业基地	
20	国家火炬天祝高性能碳基材料特色产业基地	甘肃

三、规范复核并统计原有特色产业基地

为加强国家特色产业基地的管理，推动基地有质量、有效益、可持续地发展，根据《国家火炬特色产业基地建设管理办法》的有关规定，2016年，火炬中心对2012年（第一次复核）及1995~2004年（第二次复核）认定的86家特色产业基地分两批开展了复核。

就复核工作的结果来看，在参与复核的86家基地中，有84家基地通过了复核，有2

家基地没有通过复核，被取消了特色产业基地资格。火炬中心通过网站公布了复核结果，2016 年各地区特色产业基地复核的数量统计见表61。

表61   2016 年特色产业基地各省市复核情况汇总

序号	地区	数量	序号	地区	数量
1	北京	1	11	福建	3
2	天津	1	12	山东	6
3	河北	5	13	河南	2
4	山西	2	14	湖北	2
5	辽宁	5	15	湖南	2
6	吉林	4	16	广东	5
7	上海	2	17	四川	1
8	江苏	28	18	大连	1
9	浙江	9	19	宁波	2
10	安徽	1	20	厦门	2
合计					84

四、开展调研问卷工作

为全面掌握国家特色产业基地的发展状况，更加公开、公正、公平地做好2016 年特色产业基地评价和宣传工作，火炬中心以调查问卷的形式展开对各产业基地在基地主导产业分类、其他产业分类、基地内企业总数、基地内大型企业数、基地内科技型中小企业情况、设立科技专项资金情况等26 个方面的调研，以进一步了解各基地发展现状，为系统分析我国特色产业基地的总体发展情况以及在各领域各地区发展情况提供了第一手材料。

五、加强特色产业基地研究工作

　　特色产业基地坚持高举火炬旗帜，积极推动高新技术产业化，在依靠科技创新建设产业集群、引领和带动地方优势产业优化升级和发展方式转变、推动地方经济发展等方面发挥了积极作用。为进一步推动特色产业基地促进县域经济发展，组织开展了《特色产业基地促进县域经济创新发展研究》研究课题。同时，为全面回顾和总结基地工作开展以来的发展历程与宝贵经验，在地方科技主管部门和各基地的支持下，火炬中心首次组织研究编写了《2016 年国家火炬产业基地发展研究报告》，全面回顾了五年来基地发展历程，系统地总结了基地建设的成绩和经验，突出展示了基地在环境建设、平台建设、创新体系、资源集聚等方面促进区域优势产业"集群化"发展的主要特色。

第五部分　基地分布概览

附表 1　特色产业基地一览表（1）——东部地区　　　　　　共计 300 家

特色产业基地名称	批准时间（年份）	所在地	数量（家）
国家火炬北京大兴新媒体特色产业基地	2005	北京	2
国家火炬北京大兴节能环保特色产业基地	2009		
国家火炬天津空港经济区现代纺织特色产业基地	2009	天津	8
国家火炬计划东丽节能装备特色产业基地	2011		
国家火炬计划西青信息安全特色产业基地	2011		
国家火炬天津京滨石油装备特色产业基地	2012		
国家火炬武清新金属材料特色产业基地	2012		
国家火炬武清汽车零部件特色产业基地	2013		
国家火炬天津中北汽车特色产业基地	2013		
国家火炬天津京津电子商务特色产业基地	2014		
国家火炬保定新能源与能源设备特色产业基地	2003	河北	13
国家火炬唐山陶瓷材料特色产业基地	2004		
国家火炬承德仪器仪表特色产业基地	2006		
国家火炬邯郸新型功能材料特色产业基地	2006		
国家火炬廊坊大数据特色产业基地	2006		
国家火炬宁晋太阳能硅材料特色产业基地	2006		
国家火炬唐山焊接特色产业基地	2006		
国家火炬保定安国现代中药特色产业基地	2007		
国家火炬衡水高新区工程橡胶特色产业基地	2009		
国家火炬计划大城保温建材特色产业基地	2010		
国家火炬唐山机器人特色产业基地	2011		
国家火炬张家口新能源装备特色产业基地	2011		
国家火炬沙河现代功能与艺术玻璃特色产业基地	2014		

特色产业基地名称	批准时间（年份）	所在地	数量（家）
国家火炬上海南汇医疗器械特色产业基地	2005		
国家火炬上海张堰新材料深加工特色产业基地	2006		
国家火炬上海奉贤输配电特色产业基地	2007		
国家火炬上海青浦先进结构与复合材料特色产业基地	2007	上海	7
国家火炬上海安亭汽车零部件特色产业基地	2007		
国家火炬上海环同济研发设计服务特色产业基地	2009		
国家火炬上海枫泾高端智能装备特色产业基地	2009		
国家火炬海门化工和生物医药材料特色产业基地	1995		
国家火炬昆山传感器特色产业基地	2000		
国家火炬吴中医药特色产业基地	2001		
国家火炬连云港化学创新药和现代中药特色产业基地	2001		
国家火炬锡山化工材料特色产业基地	2002		
国家火炬宜兴无机非金属材料特色产业基地	2002		
国家火炬吴江光电缆特色产业基地	2002		
国家火炬南通化工新材料特色产业基地	2002		
国家火炬扬中电力电器特色产业基地	2002		
国家火炬镇江光电子与通信元器件特色产业基地	2002		
国家火炬丹阳高性能合金材料特色产业基地	2002		
国家火炬姜堰汽车关键零部件特色产业基地	2002		
国家火炬常州轨道交通车辆及部件特色产业基地	2003		
国家火炬常州高新区生物药和化学药特色产业基地	2003		
国家火炬武进建材特色产业基地	2003	江苏	118
国家火炬常熟高分子材料特色产业基地	2003		
国家火炬昆山模具特色产业基地	2003		
国家火炬江宁智能电网特色产业基地	2004		
国家火炬南京浦口生物医药特色产业基地	2004		
国家火炬惠山特种冶金新材料特色产业基地	2004		
国家火炬金坛精细化学品特色产业基地	2004		
国家火炬太仓高分子材料特色产业基地	2004		
国家火炬通州电子元器件及材料特色产业基地	2004		
国家火炬东海硅材料特色产业基地	2004		
国家火炬邗江数控金属板材加工设备特色产业基地	2004		
国家火炬镇江沿江绿色化工特色产业基地	2004		
国家火炬靖江微特电机及控制特色产业基地	2004		
国家火炬南京化工新材料特色产业基地	2005		
国家火炬江阴高性能合金材料及制品特色产业基地	2005		

特色产业基地名称	批准时间（年份）	所在地	数量（家）
国家火炬常熟电气机械特色产业基地	2005		
国家火炬张家港精细化工特色产业基地	2005		
国家火炬苏州汽车零部件特色产业基地	2005		
国家火炬启东生物医药特色产业基地	2005		
国家火炬泰兴精细专用化学品特色产业基地	2005		
国家火炬泰州医药特色产业基地	2005		
国家火炬兴化特种合金材料及制品特色产业基地	2005		
国家火炬无锡新区汽车电子及部件特色产业基地	2006		
国家火炬徐州工程机械特色产业基地	2006		
国家火炬盐城纺织机械特色产业基地	2006		
国家火炬扬州汽车及零部件特色产业基地	2006		
国家火炬无锡宜兴电线电缆特色产业基地	2007		
国家火炬无锡锡山轻型多功能电动车特色产业基地	2007		
国家火炬常州输变电设备特色产业基地	2007		
国家火炬南通海安电梯设备特色产业基地	2007		
国家火炬苏州昆山电路板特色产业基地	2008		
国家火炬盐城平润环保装备特色产业基地	2008		
国家火炬南京江宁可再生能源特色产业基地	2009	江苏	118
国家火炬无锡江阴智慧能源特色产业基地	2009		
国家火炬无锡惠山风电关键零部件特色产业基地	2009		
国家火炬徐州经开区新能源特色产业基地	2009		
国家火炬常州湖塘新型色织面料特色产业基地	2009		
国家火炬苏州昆山可再生能源特色产业基地	2009		
国家火炬南通海安建材机械装备特色产业基地	2009		
国家火炬淮安金湖石油机械特色产业基地	2009		
国家火炬扬州光伏新能源特色产业基地	2009		
国家火炬计划南京雨花现代通信软件特色产业基地	2010		
国家火炬计划建湖石油装备特色产业基地	2010		
国家火炬计划扬州智能电网特色产业基地	2010		
国家火炬镇江特种船舶及海洋工程装备特色产业基地	2010		
国家火炬计划宜兴环保装备制造及服务特色产业基地	2011		
国家火炬计划无锡滨湖高效节能装备特色产业基地	2011		
国家火炬江阴物联网特色产业基地	2011		
国家火炬昆山高端装备制造产业基地	2011		
国家火炬苏州高新区医疗器械特色产业基地	2011		
国家火炬张家港锂电特色产业基地	2011		

续表

特色产业基地名称	批准时间（年份）	所在地	数量（家）
国家火炬启东节能环保装备及基础件特色产业基地	2011		
国家火炬计划盐城绿色能源特色产业基地	2011		
国家火炬计划盐城汽车零部件及装备特色产业基地	2011		
国家火炬江都建材机械装备特色产业基地	2011		
国家火炬泰州光伏与储能新能源特色产业基地	2011		
国家火炬泰州新技术船舶特色产业基地	2011		
国家火炬南京建邺移动互联特色产业基地	2012		
国家火炬昆山机器人特色产业基地	2012		
国家火炬苏州工业园区生物医药特色产业基地	2012		
国家火炬汾湖超高速节能电梯特色产业基地	2012		
国家火炬海安锻压装备特色产业基地	2012		
国家火炬如皋输变电装备特色产业基地	2012		
国家火炬响水盐化工特色产业基地	2012		
国家火炬滨海高分子材料特色产业基地	2012		
国家火炬邗江硫资源利用装备特色产业基地	2012		
国家火炬高邮特种电缆特色产业基地	2012		
国家火炬江宁生物医药特色产业基地	2013		
国家火炬徐州高新区安全技术与装备特色产业基地	2013	江苏	118
国家火炬常熟生物医药特色产业基地	2013		
国家火炬张家港节能环保装备特色产业基地	2013		
国家火炬常熟汽车零部件特色产业基地	2013		
国家火炬昆山（张浦）精密机械特色产业基地	2013		
国家火炬吴江（盛泽）新兴纺织纤维及面料特色产业基地	2013		
国家火炬连云港装备制造特色产业基地	2013		
国家火炬淮安盐化工特色产业基地	2013		
国家火炬阜宁环保滤料特色产业基地	2013		
国家火炬滨海新医药特色产业基地	2013		
国家火炬东台特种金属材料及制品特色产业基地	2013		
国家火炬大丰金属材料处理装备特色产业基地	2013		
国家火炬镇江高性能材料特色产业基地	2013		
国家火炬宿迁薄膜材料特色产业基地	2013		
国家火炬江宁通信与网络特色产业基地	2014		
国家火炬江阴高新区特钢新材料及其制品特色产业基地	2014		
国家火炬张家港精密机械及零部件特色产业基地	2014		
国家火炬如皋化工新材料特色产业基地	2014		
国家火炬海安磁性材料及制品特色产业基地	2014		

特色产业基地名称	批准时间（年份）	所在地	数量（家）
国家火炬盐城物联网特色产业基地	2014	江苏	118
国家火炬盐都输变电装备特色产业基地	2014		
国家火炬滨海流体装备特色产业基地	2014		
国家火炬南京新港光电及激光特色产业基地	2015		
国家火炬无锡惠山石墨烯新材料特色产业基地	2015		
国家火炬无锡新区生物医药及医疗器械特色产业基地	2015		
国家火炬太仓生物医药特色产业基地	2015		
国家火炬如东生命安防用品特色产业基地	2015		
国家火炬盱眙凹土特色产业基地	2015		
国家火炬大丰市汽车零部件特色产业基地	2015		
国家火炬江宁未来网络特色产业基地	2016		
国家火炬江宁节能环保技术与装备特色产业基地	2016		
国家火炬江阴高新区现代中药配方颗粒特色产业基地	2016		
国家火炬如东海上风电特色产业基地	2016		
国家火炬盐都涂装设备特色产业基地	2016		
国家火炬盐都齿轮制造特色产业基地	2016		
国家火炬大丰海上风电装备特色产业基地	2016		
国家火炬富阳光通信特色产业基地	2002	浙江	42
国家火炬乐清智能电器特色产业基地	2002		
国家火炬新昌化学药和中成药特色产业基地	2002		
国家火炬诸暨环保装备特色产业基地	2002		
国家火炬海宁软磁材料特色产业基地	2003		
国家火炬黄岩塑料模具特色产业基地	2003		
国家火炬绍兴纺织特色产业基地	2003		
国家火炬嘉兴电子信息特色产业基地	2004		
国家火炬兰溪天然药物特色产业基地	2004		
国家火炬平湖光机电特色产业基地	2004		
国家火炬上虞精细化工特色产业基地	2004		
国家火炬桐乡新型纤维特色产业基地	2004		
国家火炬萧山高性能机电基础件特色产业基地	2004		
国家火炬东阳磁性材料特色产业基地	2005		
国家火炬海宁经编新材料及装备特色产业基地	2005		
国家火炬嘉善新型电子元器件特色产业基地	2005		
国家火炬临安电线电缆特色产业基地	2005		
国家火炬永嘉系统流程泵阀特色产业基地	2005		
国家火炬长兴无机非金属新材料特色产业基地	2005		

特色产业基地名称	批准时间（年份）	所在地	数量（家）
国家火炬湖州德清生物与医药特色产业基地	2008		
国家火炬湖州南浔特种电磁线特色产业基地	2008		
国家火炬台州椒江智能缝制设备特色产业基地	2008		
国家火炬衢州高新区氟硅新材料特色产业基地	2008		
国家火炬嘉兴南湖汽车零部件特色产业基地	2009		
国家火炬衢州经开区空气动力机械特色产业基地	2009		
国家火炬绍兴柯桥纺织装备特色产业基地	2009		
国家火炬计划安吉竹精深加工特色产业基地	2010		
国家火炬计划浙江仙居甾体药物特色产业基地	2010		
国家火炬计划龙湾阀门特色产业基地	2011		
国家火炬计划秀洲新能源特色产业基地	2011		
国家火炬吴兴特种金属管道特色产业基地	2011	浙江	42
国家火炬德清绿色复合新型建材特色产业基地	2013		
国家火炬兰溪差别化纤维及纺织特色产业基地	2013		
国家火炬南浔智能电梯特色产业基地	2013		
国家火炬绍兴健康装备和医用新材料特色产业基地	2014		
国家火炬丽水智能装备与机器人特色产业基地	2015		
国家火炬龙泉汽车空调零部件特色产业基地	2015		
国家火炬瑞安汽车关键零部件特色产业基地	2015		
国家火炬吴兴区现代物流装备特色产业基地	2015		
国家火炬南湖压缩机精密制造特色产业基地	2016		
国家火炬平阳印刷包装装备特色产业基地	2016		
国家火炬衢江特种纸特色产业基地	2016		
国家火炬宁波电子信息特色产业基地	2002		
国家火炬北仑注塑机特色产业基地	2005		
国家火炬宁波鄞州新型金属材料特色产业基地	2006		
国家火炬宁波慈溪智能家电特色产业基地	2009	宁波	8
国家火炬宁波高新区绿色能源与照明特色产业基地	2009		
国家火炬宁波江北先进通用设备制造特色产业基地	2009		
国家火炬宁波鄞州汽车零部件特色产业基地	2009		
国家火炬宁波余姚塑料模具特色产业基地	2009		
国家火炬德化陶瓷特色产业基地	2005		
国家火炬福鼎化油器特色产业基地	2013		
国家火炬福安中小电机特色产业基地	2012	福建	7
国家火炬计划建瓯笋竹科技特色产业基地	2010		
国家火炬泉州经开区无线通信特色产业基地	2008		

特色产业基地名称	批准时间（年份）	所在地	数量（家）
国家火炬莆田液晶显示特色产业基地	2005	福建	7
国家火炬泉州微波通信特色产业基地	2004		
国家火炬厦门海沧区生物与新医药特色产业基地	2011	厦门	4
国家火炬厦门视听通信特色产业基地	2005		
国家火炬厦门钨材料特色产业基地	2005		
国家火炬厦门高新区电力电器特色产业基地	2008		
国家火炬济宁生物制药与中成药特色产业基地	2002	山东	61
国家火炬济南先进机电与装备制造特色产业基地	2003		
国家火炬禹城功能糖特色产业基地	2003		
国家火炬济南生物工程与新医药特色产业基地	2004		
国家火炬济宁工程机械特色产业基地	2004		
国家火炬鲁北海洋科技特色产业基地	2004		
国家火炬济南山大路电子信息特色产业基地	2005		
国家火炬淄博生物医药特色产业基地	2005		
国家火炬招远电子基础材料特色产业基地	2006		
国家火炬济宁纺织新材料特色产业基地	2006		
国家火炬泰安非金属新材料特色产业基地	2006		
国家火炬泰安输变电器材特色产业基地	2006		
国家火炬济南章丘有机高分子材料特色产业基地	2007		
国家火炬淄博高新区先进陶瓷特色产业基地	2007		
国家火炬淄博博山泵类特色产业基地	2007		
国家火炬烟台福山汽车零部件特色产业基地	2007		
国家火炬临沂临沭复合肥特色产业基地	2007		
国家火炬济南历城太阳能特色产业基地	2009		
国家火炬济南明水重型汽车先进制造特色产业基地	2009		
国家火炬淄博高新区功能玻璃特色产业基地	2009		
国家火炬东营广饶盐化工特色产业基地	2009		
国家火炬东营石油装备特色产业基地	2009		
国家火炬潍坊高新区动力机械特色产业基地	2009		
国家火炬威海高新区办公自动化设备特色产业基地	2009		
国家火炬临沂沂水功能性生物糖特色产业基地	2009		
国家火炬德州经开区新能源汽车特色产业基地	2009		
国家火炬计划潍坊电声器件特色产业基地	2010		
国家火炬计划济宁光电特色产业基地	2010		
国家火炬明水先进机械制造特色产业基地	2011		

续表

特色产业基地名称	批准时间（年份）	所在地	数量（家）
国家火炬计划广饶子午胎特色产业基地	2011		
国家火炬烟台海洋生物与医药特色产业基地	2011		
国家火炬计划临朐磁电装备特色产业基地	2011		
国家火炬计划潍坊光电特色产业基地	2011		
国家火炬寿光卤水综合利用特色产业基地	2011		
国家火炬单县光伏光热特色产业基地	2011		
国家火炬济南新型功能材料特色产业基地	2012		
国家火炬诸城汽车及零部件特色产业基地	2012		
国家火炬潍坊生物制药与中成药特色产业基地	2012		
国家火炬莱芜粉末冶金特色产业基地	2012		
国家火炬济阳升降作业装备特色产业基地	2014		
国家火炬济南环保节能材料与装备特色产业基地	2014		
国家火炬平阴清洁能源特色产业基地	2014		
国家火炬章丘市炊事装备特色产业基地	2014		
国家火炬滕州中小数控机床特色产业基地	2014		
国家火炬东营铜冶炼与铜材深加工特色产业基地	2014	山东	61
国家火炬潍坊滨海海洋化工特色产业基地	2014		
国家火炬寿光新型防水材料特色产业基地	2014		
国家火炬沂南电动车及零部件特色产业基地	2014		
国家火炬菏泽生物医药特色产业基地	2014		
国家火炬单县玻纤特色产业基地	2014		
国家火炬昌乐智能制造特色产业基地	2015		
国家火炬邹城智能矿用装备特色产业基地	2015		
国家火炬单县医用可吸收缝合线特色产业基地	2015		
国家火炬济南临港智能机械装备特色产业基地	2016		
国家火炬平阴金属管路连接件特色产业基地	2016		
国家火炬滕州玻璃精深加工特色产业基地	2016		
国家火炬烟台经济技术开发区生物与新医药特色产业基地	2016		
国家火炬梁山专用汽车特色产业基地	2016		
国家火炬威海环翠区交通及配套装备特色产业基地	2016		
国家火炬临沂高新区电子元器件特色产业基地	2016		
国家火炬费县木基复合材料特色产业基地	2016		

特色产业基地名称	批准时间（年份）	所在地	数量（家）
国家火炬青岛有机高分子新材料特色产业基地	2003	青岛	5
国家火炬青岛海洋生物医药特色产业基地	2014		
国家火炬黄岛船舶与海工装备特色产业基地	2015		
国家火炬青岛石墨烯及先进碳材料特色产业基地	2015		
国家火炬青岛橡胶行业专业化科技服务特色产业基地	2015		
国家火炬湛江海洋特色产业基地	2002	广东	25
国家火炬佛山自动化机械及设备特色产业基地	2003		
国家火炬佛山电子新材料特色产业基地	2004		
国家火炬鹤山金属材料特色产业基地	2004		
国家火炬江门纺织化纤特色产业基地	2004		
国家火炬顺德家用电器特色产业基地	2004		
国家火炬中山（临海）船舶制造与海洋工程特色产业基地	2004		
国家火炬广州花都汽车及零部件特色产业基地	2005		
国家火炬汕头金平轻工机械装备制造特色产业基地	2005		
国家火炬汕头澄海智能玩具创意设计与制造特色产业基地	2006		
国家火炬惠州智能视听特色产业基地	2006		
国家火炬中山小榄金属制品特色产业基地	2006		
国家火炬汕头龙湖输配电设备特色产业基地	2007		
国家火炬东莞虎门服装设计与制造特色产业基地	2007		
国家火炬东莞长安模具特色产业基地	2007		
国家火炬中山古镇照明器材设计与制造产业特色基地	2007		
国家火炬广州高新区新型高分子材料特色产业基地	2008		
国家火炬茂名高新区石化特色产业基地	2008		
国家火炬阳江新型功能刀剪材料设计与制造特色产业基地	2008		
国家火炬中山日用电器特色产业基地	2009		
国家火炬中山阜沙精细化工特色产业基地	2009		
国家火炬计划中山电梯特色产业基地	2010		
国家火炬计划江门半导体照明特色产业基地	2011		
国家火炬惠州 LED 特色产业基地	2012		
国家火炬清远高性能结构材料特色产业基地	2015		

附表2 特色产业基地一览表（2）——中部地区　　　共计54家

特色产业基地名称	批准时间（年份）	所在地	数量（家）
国家火炬计划太原经济技术开发区煤机装备特色产业基地	2010	山西	8
国家火炬迎泽高端包装装备及材料特色产业基地	2012		
国家火炬太原钕铁硼材料特色产业基地	2012		
国家火炬大同医药材料特色产业基地	2012		
国家火炬永济电机特色产业基地	2012		
国家火炬临猗运输配套装备特色产业基地	2013		
国家火炬原平煤机配套装备特色产业基地	2013		
国家火炬太原信息安全特色产业基地	2014		
国家火炬博望高端数控机床及刃模具特色产业基地	2012	安徽	13
国家火炬杜集高端矿山装备特色产业基地	2015		
国家火炬黄山软包装新材料特色产业基地	2012		
国家火炬安庆经开区汽车零部件特色产业基地	2009		
国家火炬计划蚌埠精细化工特色产业基地	2011		
国家火炬亳州中药特色产业基地	2009		
国家火炬滁州家电设计与制造特色产业基地	2009		
国家火炬计划合肥公共安全信息技术特色产业基地	2011		
国家火炬芜湖高新区节能与新能源汽车特色产业基地	2009		
国家火炬宁国橡塑密封件特色产业基地	2012		
国家火炬太和医药高端制剂特色产业基地	2015		
国家火炬铜陵电子材料特色产业基地	1999		
国家火炬无为特种电缆特色产业基地	2006		
国家火炬九江星火有机硅材料特色产业基地	2004	江西	3
国家火炬景德镇陶瓷新材料及制品特色产业基地	2008		
国家火炬萍乡粉末冶金先进制造特色产业基地	2014		

特色产业基地名称	批准时间（年份）	所在地	数量（家）
国家火炬濮阳生物化工特色产业基地	1997	河南	10
国家火炬郑州超硬材料特色产业基地	2002		
国家火炬济源高新区矿用机电特色产业基地	2007		
国家火炬长垣起重机械特色产业基地	2007		
国家火炬焦作汽车零部件特色产业基地	2009		
国家火炬开封空分设备特色产业基地	2010		
国家火炬计划新乡生物医药特色产业基地	2010		
国家火炬民权制冷设备特色产业基地	2013		
国家火炬南阳防爆装备制造特色产业基地	2013		
国家火炬临颍农产品精深加工特色产业基地	2016		
国家火炬葛店生物技术与新医药特色产业基地	2001	湖北	12
国家火炬武汉高分子及复合材料特色产业基地	2002		
国家火炬谷城节能与环保特色产业基地	2002		
国家火炬十堰汽车关键零部件特色产业基地	2003		
国家火炬武汉汽车电子特色产业基地	2004		
国家火炬襄阳汽车动力与部件特色产业基地	2004		
国家火炬应城精细化工新材料特色产业基地	2004		
国家火炬武汉青山环保特色产业基地	2005		
国家火炬襄阳节能电机与控制设备特色产业基地	2006		
国家火炬武汉江夏装备制造特色产业基地	2009		
国家火炬孝感安陆粮食机械特色产业基地	2009		
国家火炬计划武汉阳逻钢结构特色产业基地	2011		
国家火炬浏阳生物医药特色产业基地	2002	湖南	8
国家火炬益阳机械与装备制造特色产业基地	2004		
国家火炬湘潭新能源装备特色产业基地	2005		
国家火炬衡阳输变电装备特色产业基地	2005		
国家火炬株洲荷塘硬质合金特色产业基地	2007		
国家火炬株洲芦淞中小航空发动机特色产业基地	2008		
国家火炬岳阳精细化工（石油）特色产业基地	2012		
国家火炬津市生物酶制剂及应用特色产业基地	2016		

附表3 特色产业基地一览表（3）——西部地区　　　　共27家

特色产业基地名称	批准时间（年份）	所在地	数量（家）
国家火炬鄂尔多斯汽车及关键零部件特色产业基地	2016	内蒙古自治区	2
国家火炬呼和浩特托克托生物发酵特色产业基地	2002		
国家火炬玉林内燃机特色产业基地	2016	广西	1
国家火炬重庆九龙轻合金特色产业基地	2008	重庆	2
国家火炬计划重庆渝北汽车摩托车制造及现代服务特色产业基地	2011		
国家火炬成都金牛电子信息特色产业基地	2002	四川	2
国家火炬泸州高新区先进工程机械及关键零部件特色产业基地	2015		
国家火炬遵义航天军转民（装备制造）特色产业基地	2007	贵州	3
国家火炬黔东南州苗侗医药特色产业基地	2015		
国家火炬铜仁锰产业特色产业基地	2016		
国家火炬保山硅材料特色产业基地	2016	云南	5
国家火炬昆明红外微光特色产业基地	2016		
国家火炬昆明稀贵金属新材料特色产业基地	2016		
国家火炬文山三七特色产业基地	2016		
国家火炬玉溪高新区生物医药特色产业基地	2016		
国家火炬西安高新区生物医药特色产业基地	2007	陕西	6
国家火炬宝鸡高新区钛特色产业基地	2008		
国家火炬宝鸡高新区石油钻采装备制造特色产业基地	2009		
国家火炬宝鸡蔡家坡重型汽车及零部件特色产业基地	2009		
国家火炬计划西安航空特色产业基地	2010		
国家火炬咸阳高端橡胶特色产业基地	2014		
国家火炬白银有色金属新材料及制品特色产业基地	2008	甘肃	2
国家火炬天祝高性能碳基材料特色产业基地	2016		
国家火炬银川灵武羊绒特色产业基地	2008	宁夏	2
国家火炬石嘴山高新区稀有金属材料及制品特色产业基地	2008		
国家火炬乌鲁木齐米东石油化工和煤化工特色产业基地	2009	新疆	2
国家火炬克拉玛依高新区石油石化特色产业基地	2009		

附表 4　特色产业基地一览表（4）——东北地区　　　　　　共 33 家

特色产业基地名称	批准时间（年份）	所在地	数量（家）
国家火炬本溪中药科技特色产业基地	2006	辽宁	15
国家火炬锦州硅材料及太阳能电池特色产业基地	2007		
国家火炬鞍山高新区柔性输配电及冶金自动化装备特色产业基地	2008		
国家火炬盘锦石油装备制造特色产业基地	2009		
国家火炬计划朝阳新能源电器特色产业基地	2010		
国家火炬计划阜新液压装备特色产业基地	2011		
国家火炬计划辽宁（万家）数字技术特色产业基地	2011		
国家火炬辽宁换热设备特色产业基地	2011		
国家火炬铁岭石油装备特色产业基地	2012		
国家火炬鞍山激光科技特色产业基地	2013		
国家火炬锦州汽车零部件特色产业基地	2013		
国家火炬开原起重机械制造特色产业基地	2013		
国家火炬营口汽车保修检测设备特色产业基地	2013		
国家火炬鞍山精细有机新材料特色产业基地	2014		
国家火炬辽宁调兵山煤机装备制造特色产业基地	2014		
国家火炬大连双 D 港生物医药特色产业基地	2005	大连	4
国家火炬大连金州新区核电装备特色产业基地	2014		
国家火炬大连金州新区数控机床特色产业基地	2014		
国家火炬大连甘井子区智能化成形和加工成套设备特色产业基地	2016		
国家火炬通化生物医药特色产业基地	2001	吉林	5
国家火炬敦化中药特色产业基地	2005		
国家火炬吉林电力电子特色产业基地	2005		
国家火炬通化中药特色产业基地	2005		
国家火炬梅河口现代中医药特色产业基地	2013		
国家火炬牡丹江硬质材料特色产业基地	2002	黑龙江	9
国家火炬哈尔滨抗生素特色产业基地	2004		
国家火炬哈尔滨香坊发电设备特色产业基地	2007		
国家火炬大庆高新区石油化工产业基地	2007		
国家火炬大庆高新区新型复合材料及制品特色产业基地	2007		
国家火炬哈尔滨平房汽车制造特色产业基地	2009		
国家火炬哈尔滨平房新媒体特色产业基地	2009		
国家火炬齐齐哈尔重型机械装备特色产业基地	2009		
国家火炬大庆高新区石油石化装备制造特色产业基地	2009		

后　记

2016 年特色产业基地建设取得了可喜的成绩，我们展望未来，将继续推进特色产业基地的发展模式，贯彻创新、协调、绿色、开放、共享的发展理念，因地制宜地开展特色产业基地的建设工作，以科技创新和体制机制创新为驱动力，以培育发展具有较高技术含量、较强市场竞争力、特色鲜明、优势明显的产业为目的，将载体平台等硬件建设与创新文化等环境建设相结合，引领地方经济的发展。

2016 年是"十三五"的开局之年，国家进入产业转型和产业再布局的阶段，科技整体水平已从量的增长向质的提升转变，特色产业基地迎来了更好的发展机遇。在新时期、新形势下，特色产业基地建设将认真贯彻党中央、国务院关于创新驱动，"大众创业、万众创新"和"中国制造 2025"的战略部署，紧密围绕重大需求和工作重点，针对国家鼓励发展的战略性新兴产业及细分领域，通过科学规划和合理布局，在全国范围内建成各具特色的产业基地，形成创新型产业集群，通过整体推进和分类指导，不断提升特色产业发展的质量和水平，以创新推动产业结构向中高端水平跃升，成为国家与地方、政府与市场、科技与经济有机结合的核心载体，成为创新驱动区域经济、优化产业结构、提升产业水平的重要抓手，通过特色产业基地建设，不断拓展并延伸产业链，做大做强主导产业，成为区域创新体系的重要组成部分。

在此感谢各地科技主管部门、基地所在地政府、各特色产业基地日常管理机构以及相关单位对报告工作的大力支持。感谢科学技术部中国科学技术发展战略研究院韦东远研究员和中国社会科学研究院刘戒骄研究员对报告给予的指导；感谢北京华陆汇融科技咨询有限公司刘蔚然同志对报告数据统计、编撰工作的大力支持。

科学技术部火炬高技术产业开发中心

2017 年 11 月